**UTB 2555**

Eine Arbeitsgemeinschaft der Verlage

Beltz Verlag Weinheim · Basel
Böhlau Verlag Köln · Weimar · Wien
Wilhelm Fink Verlag München
A. Francke Verlag Tübingen und Basel
Haupt Verlag Bern · Stuttgart · Wien
Lucius & Lucius Verlagsgesellschaft Stuttgart
Mohr Siebeck Tübingen
C. F. Müller Verlag Heidelberg
Ernst Reinhardt Verlag München und Basel
Ferdinand Schöningh Verlag Paderborn · München · Wien · Zürich
Eugen Ulmer Verlag Stuttgart
UVK Verlagsgesellschaft Konstanz
Vandenhoeck & Ruprecht Göttingen
Verlag Recht und Wirtschaft Heidelberg
VS Verlag für Sozialwissenschaften Wiesbaden
WUV Facultas Wien

Helge-Ulrike Hyams
Das Prüfungsbuch

Helge-Ulrike Hyams

Das Prüfungsbuch
Für Sozial- und Geisteswissenschaftler

Springer Fachmedien Wiesbaden GmbH

VS Verlag für Sozialwissenschaften
Entstanden mit Beginn des Jahres 2004 aus den beiden Häusern
Leske+Budrich und Westdeutscher Verlag.
Die breite Basis für sozialwissenschaftliches Publizieren

Bibliografische Information Der Deutschen Bibliothek
Die Deutsche Bibliothek verzeichnet diese Publikation in der Deutschen
Nationalbibliografie; detaillierte bibliografische Daten sind im Internet über
<http://dnb.ddb.de> abrufbar.

1. Auflage Oktober 2004

Alle Rechte vorbehalten
(c) Springer Fachmedien Wiesbaden 2004
Ursprünglich erschienen bei VS Verlag für Sozialwissenschaften/GWV
Fachverlage GmbH, Wiesbaden 2004

Lektorat: Frank Engelhardt

Der VS Verlag für Sozialwissenschaften ist ein Unternehmen von
Springer Science+Business Media.
www.vs-verlag.de

Das Werk einschließlich aller seiner Teile ist urheberrechtlich geschützt. Jede Verwertung außerhalb der engen Grenzen des Urheberrechtsgesetzes ist ohne Zustimmung des Verlags unzulässig und strafbar. Das gilt insbesondere für Vervielfältigungen, Übersetzungen, Mikroverfilmungen und die Einspeicherung und Verarbeitung in elektronischen Systemen.

Die Wiedergabe von Gebrauchsnamen, Handelsnamen, Warenbezeichnungen usw. in diesem Werk berechtigt auch ohne besondere Kennzeichnung nicht zu der Annahme, dass solche Namen im Sinne der Warenzeichen- und Markenschutz-Gesetzgebung als frei zu betrachten wären und daher von jedermann benutzt werden dürften.

ISBN 978-3-8100-4069-5   ISBN 978-3-322-83419-5 (eBook)
DOI 10.1007/ 978-3-322-83419-5
NE: UTB für Wissenschaft/Uni-Taschenbücher
Gesamtherstellung: Bercker, Graphischer Betrieb, Kevelaer
Einbandgestaltung: Atelier Reichert, Stuttgart

„Es gibt mehr Ding' im Himmel und auf Erden,
Als Eure Schulweisheit sich träumen lässt."
Shakespeare, Hamlet

Für Maren Dawid
und Christina Neus

Inhalt

Einleitung: Wenn nicht jetzt, wann dann? 11

Teil I Das Umfeld der Prüfung

Kapitel 1 Gutes Timing 19

Kapitel 2 Prüfungszeiten und Familienplanung 24

Kapitel 3 Prüfungszeit ist Ausnahmezustand 28

Kapitel 4 Das soziale Netz des Prüfungskandidaten 32

   (A) Der prüfende Professor – die Professorin 34

   (B) Das Prüfungsamt 35

   (C) Die Prüfungskommission 36

   (D) Die liebe Familie 38

   (E) Partner und Freunde 40

   (F) Lern- und Arbeitsgruppen 42

Kapitel 5 Egozentrik des Prüflings 45

Teil II Vorbereitungen für die Prüfung

Kapitel 6 Perspektiven der Prüfungsphase 51

Kapitel 7 Über Motivation 55

Kapitel 8 Die Absprache der Themen 58

Kapitel 9 Die Inszenierung der Prüfungsthemen 62

Kapitel 10 Sich mit fremden Skripten schmücken 65

Kapitel 11 Sich mit dem Prüfungsthema verbinden 67

Kapitel 12 Der Schreibtisch 69

Kapitel 13 Konsequente Arbeitsplanung 72

Kapitel 14 Lernen und Lerntheorien 75

Kapitel 15 Prüfung und Internet 82

Kapitel 16 Exkurs über Schokolade 87

Teil III Vor, während und nach der Prüfung

Kapitel 17 Die Zeit vor der Prüfung 93

Kapitel 18 Die Kleiderfrage 97

Kapitel 19 Pünktlichkeit und Begleitpersonen 100

Kapitel 20 Positive Haltung 103

Kapitel 21 Was ist eigentlich „wissenschaftlich" an
der Prüfung? 106

Kapitel 22 Wie ordne ich die Fülle? 108

Kapitel 23 Der gute Prüfungsvortrag 110

   Erstens: Gute Vorbereitung ist das A und O 111

   Zweitens: Die gute gedankliche Struktur 112

   Drittens: Ihre Grundhaltung und Ihre Körperhaltung 113

   Viertens: Prüfung ist immer Kommunikation 113

   Fünftens: Redetechnik 114

Kapitel 24 Blackouts und wie man damit umgeht 116

Kapitel 25 Das gute Ende 118

Kapitel 26 *Let it be* oder : Die Minuten danach 119

Teil IV Ergebnisse

Kapitel 27 Die Note wird verkündet 123

Kapitel 28 Kleiner Exkurs über Notengebung 126

Kapitel 29 Gerecht oder ungerecht 128
Kapitel 30 Durchgefallen 130
Kapitel 31 Das große Saubermachen danach 133
Kapitel 32 Stimmungen nach der Prüfung 135
Kapitel 33 Rückverbindung mit dem Prüfer 138

Teil V Schreiben

Kapitel 34 Gut schreiben 143
Kapitel 35 Schreibregeln und wie man damit umgeht 150
Kapitel 36 Die Themenwahl für die Abschlussarbeit 151
Kapitel 37 Die gute Gliederung 156
Kapitel 38 Die Erstfassung schreiben 160
Kapitel 39 Sprache und Stil 164

Teil VI: Nachdenken über die Prüfung

Kapitel 40 Die Prüfung feiern 171

Literatur 175
Danksagung.. 179

Einleitung: Wenn nicht jetzt, wann dann?

Prüfungszeit an der Universität ist Extremerfahrung. Für manche Studierende ist sie eine Zeit geballter Energie und einer Konzentration, die sie während ihres Studiums bisher nicht erlebt haben. Andere wiederum haben das Gefühl, durch das Übermaß an Kopfarbeit vom Leben abgeschnitten zu sein und leiden darunter. Manche empfinden diese Zeit als eine bedrohliche Krise: Sie fallen in Depressionen oder erkranken auf andere Weise seelisch oder körperlich. Und wiederum andere blockieren in dieser Situation ganz: Sie brechen das Studium endgültig ab, ohne Examen.

Fest steht, dass die Reaktionen auf das Examen grundsätzlich heftiger und auch anders ausfallen, als man vorher vermutet hatte. „Ein Examenskandidat lebt auf einem vollkommen anderen Planeten", schreibt eine betroffene Studentin in ihr Tagebuch (FUNK 2001:3). Außenstehende können oft nur schwer nachvollziehen, warum ein Student, der sich auf das Examen vorbereitet, so angespannt ist, so sichtbar in Dauerkrise lebt, denn niemand kann so recht verstehen, weshalb alles „so schlimm" sei, wenn doch das Studium einigermaßen normal gelaufen ist.

Objektiv betrachtet ist die Prüfung auch tatsächlich nicht „so schlimm". Sie erscheint nur deshalb so belastend, weil viele rationale und irrationale Faktoren zusammen wirken. Auf einige Faktoren ist der Prüfling gut vorbereitet, beispielsweise überblickt er den Umfang des Stoffes, den er lernen muss. Auf andere dagegen ist er überhaupt nicht eingestellt, da tappt er im Dunkeln. Und weil ihm so viele Dinge im Zusammenhang mit der Prüfung so undurchsichtig sind, wuchern hier Ängste und Phantasien: „Was geschieht, wenn ich versage?", „Was geschieht, wenn ich eine Frage nicht verstanden habe?", „Was, wenn der Prüfer mich nicht versteht?" Viel kostbare Energie bindet sich dann an solche Fragen, anstatt ins Leben und in die Vorbereitungen zu fließen. Besonders nachts machen sie sich bemerkbar, quälend, schlafraubend und nervtötend.

Ziel dieses Buches ist es, die vielfältigen Faktoren im Zusammenhang mit der Prüfung aufzuzeigen, zu erklären und – was mir besonders wichtig erscheint – sie in eine richtige Gewichtung zueinander zu bringen. Wenn man von diffusen Ängsten und Vorahnungen erfüllt ist, neigt man leicht dazu, nicht genau zu unterscheiden, was wichtig und was unwichtig ist. Man verzettelt sich in Nebensächlichem, um der Hauptsache auszuweichen. Sie kennen dieses Phänomen aus Ihrem studentischen Alltag: Sie sitzen am Schreibtisch an einer Arbeit, und plötzlich gibt es für Sie nichts Dringenderes als aufzuspringen und Ihre Schublade zu sortieren, weil Sie meinen, ein bestimmtes Schreibutensil nicht zu finden. Oder Sie laufen, sobald die geringste Schreib- oder Denkblockade auftaucht, in die Küche und kochen sich Tee. Und falten noch rasch die Wäsche, die in der Küche liegengeblieben war und so weiter. Sie kennen diese Ablenkungsmanöver schon aus Ihrem Studium, in der Prüfung werden Sie geballt damit zu tun haben.

Zunächst will ich mit Ihnen den Dschungel der Prüfungsszenerie durchwandern. An bestimmten Punkten halten wir inne. An manchen Stellen werde ich Mahnungen aussprechen, die Sie mir bitte nachsehen. Zum Beispiel „Pünktlichkeit ist ein Muss!" oder „Essen Sie Schokolade!" Solche Aussagen kann ich nicht in neutrale Sätze bringen, sondern ich möchte Sie aus meiner Sicht subjektiv ansprechen.

Dabei ist sicher, dass die drei wichtigsten Voraussetzungen für eine gute Prüfung sich durch Mahnungen nicht erreichen lassen, sondern dass sie aus Ihnen selbst herauskommen müssen: Mut, Humor und Gelassenheit. Mut ist die Voraussetzung, überhaupt zu beginnen. (Und dass es vielen an diesem Mut fehlt, bezeugen die Zahlen über Langzeitstudenten an deutschen Universitäten[1]). Mut also brauchen Sie, um die Sache überhaupt anzupacken. Humor und Gelassenheit aber sind unerlässlich zur Durchführung und zur Vollendung Ihrer Prüfung. Nichts ist schlimmer im Prüfungsgeschehen als eine humorlose Verbissenheit in den Stoff und eine starre Fixierung auf gute Noten. Natürlich fordern die Gesellschaft, die Universität und die Professoren viel von Ihnen. Aber oft genug scheint es mir, dies sei wenig gegenüber dem, was sich viele Studierende selbst mit Verbissenheit abverlangen. Viele Studenten verfahren mit sich selbst unglaublich streng, manchmal fast gnadenlos. Dabei sind es nicht nur die Prüfenden, die nachhaltig das Prüfungsgeschehen beeinflussen. Auch die Studierenden selbst tragen entscheidend dazu bei – oft ohne sich dessen bewusst zu sein.

Hier setzt mein Buch an und deshalb schreibe ich es. Wenn Sie als Studierende sich zum Examen melden, sind Sie nicht nur Opfer einer übermächtigen Examensbürokratie und strenger Professoren. Sie haben, wenn Sie sich von diesem Negativ-Bild einmal befreien und genau hinschauen, viele und bisweilen erstaunlich große Gestaltungsfreiräume. Dies ist von Fakultät zu Fakultät natürlich unterschiedlich. In den Prüfungen der Mediziner mit ihren Multiple-Choice-Verfahren oder bei den Juristen sind die Spielräume eher kleiner, in den geisteswissenschaftlichen Disziplinen in Deutschland hingegen immer noch – gemäß einer langen Tradition – erstaunlich groß.

Seit dreißig Jahren lehre und prüfe ich an einer Universität im Fach Pädagogik. Mein Ziel ist, dass am Ende des Studiums phantasievolle, an Kindern orientierte und mündige junge Lehrer und Erzieher ihre Arbeit beginnen. Seit einiger Zeit erscheinen mir die Prüfungen, die sich teilweise über Wochen und Monate hinziehen, zunehmend konfliktbeladen und irritierend, und sie widersprechen immer mehr den oben genannten Zielen. Phantasie, wie wir sie wünschen, wird eher durch vorgegebene Denkschablonen ersetzt. Engagement und Orientierung am Kind, wie wir es bei zukünftigen Lehrern voraussetzen, wird von der Fixierung auf Zensuren überdeckt. Und die Mündigkeit der Studierenden wird oft von einer devoten Ängstlichkeit überlagert. So jedenfalls scheint es mir bei der Mehrheit der Studenten.

Eine der Hauptursachen hierfür vermute ich in der wachsenden Fixierung der Studenten auf möglichst gute Noten. Alle wollen nur noch die Note *sehr gut*. Dies macht den Arbeitsdruck oft unerträglich und verursacht viel Kränkung, weil diese Note natürlich nicht von allen erreicht werden kann (und vom Notensystem her auch gar nicht erreicht werden darf). Und ein Übermaß an Kränkung, dies verrät die Sprache selbst, macht krank.

Als im vergangenen Jahr mehrmals hintereinander Examenskandidaten in meiner Sprechstunde in Tränen ausbrachen – jeder aus einem anderen Grund: Überforderung, Angst, Schlaflosigkeit, Probleme im Umgang mit anderen Professoren – begriff ich, was ich schon lange geahnt hatte: Es ist etwas krank an diesem Prüfungssystem. Es ist etwas krank an einem System, das normale junge Frauen und Männer zum Weinen und zur Verzweiflung bringt. Ich erinnere mich gut an meine eigenen Universitätsprüfungen. Ich entsinne mich meiner Beklemmungen, die sich in der Stimme niederschlugen, der Anspannung und all der Kopfschmerzen jener Zeit. Aber ich erinnere mich nicht daran, so geschwächt, oder sagen wir ruhig „infantilisiert" worden zu sein, dass ich im Sprechzimmer meiner Hochschullehrer in Tränen ausgebrochen wäre.

Ich befürworte nicht das derzeitige Prüfungssystem, aber ich verfüge nicht über den Einfluss, die ihnen zugrundeliegenden Strukturen zu ändern. Zu sehr weiß ich, wie stark die Universität und ihr Prüfungssystem mit anderen gesellschaftlichen Institutionen verknüpft ist, mit Wirtschaft und Arbeitsmarkt, und dass sie inzwischen auch in internationale Regelungen eingebunden sind [2]. Und zu sehr bin ich mir auch bewusst, dass die Freiheit, Wissenschaft zu betreiben – auch für mich als Frau – ihren Preis fordert. Ich aber lebe nun in dieser Institution, ich habe mich bewusst dafür entschieden und lehre und prüfe nach bestem Wissen und Gewissen.

Sie als Studierende haben sich, indem Sie die Schritte zur Prüfungsvorbereitung tun, ebenfalls für die Institution Universität entschieden. Es ist Ihre Wahl und steht in Ihrer Verantwortung. Sie haben Ihre vier, fünf oder mehr Jahre studiert und Sie wissen, dass man Ihr Studium formal nur anerkennt, wenn Sie das Abschlussexamen bestehen. Deshalb, wenn Sie mit Ihrer Zulassung jetzt so weit sind, machen Sie es jetzt! Melden Sie sich an und beginnen Sie mit den Vorbereitungen. Aber bitte, tun Sie dies *menschlich:* witzig, geist- und phantasievoll. Tun Sie es nicht *unmenschlich:* nämlich notenfixiert, perfektionistisch, selbst-destruktiv und humorlos.

Machen Sie aus ihrer Prüfung ein „Kunstwerk". Inszenieren Sie die einzelnen Schritte, die Pausen, die Höhepunkte, die Perspektiven. Schreiben Sie Tagebuch über diese Zeit. Nach ein, zwei Jahren sollten Sie es nachlesen – und Sie werden lächeln und staunen. Das Schreiben lockert die Gedanken, es konzentriert und entspannt zugleich. Sie sollten nämlich auch außerhalb des reinen Prüfungsstoffs im Schreibfluss bleiben. Im Niederschreiben können Sie immer wieder feststellen, wo Sie sich gerade befinden. Sie können sich neue Ziele setzen, alte korrigieren und an Ihren Perspektiven arbeiten.

Was tun? Wo beginnen? Es gibt Studierende, die im Wald, am Strand oder auch im Bett ihre Prüfungen vorbereiten, und das sind nicht die schlechtesten. Dennoch ist es hilfreich, für diese Extremsituation der Prüfungswochen und -monate möglichst optimale äußere Voraussetzungen zu schaffen. Zur Grundausrüstung der Prüfungszeit gehören folgende Dinge, die Sie nach Belieben und Neigung erweitern können. Es gibt ja Leute, die ohne Zigaretten und Kuschelteddy die Prüfungszeit nicht überstehen würden:

- Mut
- ein großer Schreibtisch mit viel Licht (oder ein fester Platz in der Bibliothek)
- ein guter, rückenfreundlicher, beweglicher Stuhl
- eine immer aufzustockende Flasche Wasser
- eine große Thermosflasche für Tee und Kaffee
- weiche, bequeme und nicht kneifende Kleidung und Schuhe
- eine Schublade für Schokolade
- Humor
- eine große Schale Obst und Nüsse, die nie leer sein darf
- ein CD-Player für Pausen-Musik
- eine bequeme Leseecke (ohne Telefon!)
- gutes Schreibgerät (Füller, bunte Marker, weiche Bleistifte, Hefte und Karteikarten)
- den Computer zum Schreiben und Forschen
- Motivation und Ausdauer
- Gelassenheit

So ausgerüstet gehen wir in vierzig Kapiteln Schritt für Schritt durch die Prüfung. Prüfung macht auch Spaß. Prüfung ist eine Herausforderung. Prüfung macht stark. Ich freue mich, Sie als Leser zu begleiten, genau wie es mir immer wieder Freude macht, meine Studenten zu prüfen. Es ist eine gute Zeit, zu beginnen. Wenn nicht jetzt, wann dann?

Anmerkungen

(1) Insgesamt sind derzeit ca. 8,5 Prozent der Studierenden als so genannte Langzeitstudenten (Studiendauer von 15 und mehr Semestern) an den deutschen Universitäten eingeschrieben, wobei zu vermuten ist, dass diese Zahl bei der geplanten Einführung von Studiengeld zurückgehen wird. (Mündliche Auskunft der Pressestelle der Universität Marburg vom November 2003). Diese Prozentzahl setzt sich wie folgt zusammen: 1. aus denjenigen, die aus materieller Not oder aus gesundheitlichen oder familären Gründen neben dem Studium hoch belastet sind, 2. der Gruppe derer, die die Vorteile des akademischen Mikrokosmos wie Mensaverpflegung, Semesterticket und Krankenversicherung genießen wollen, und 3. denjenigen, die in unserem Zusammenhang wirklich gemeint sind: die Studierenden, die das Studium immer wieder hinauszögern, weil es ihnen an Mut fehlt, sich zum Examen zu melden.

(2) Allerdings ist davon auszugehen, dass gerade durch die zunehmende Internationalisierung des Hochschulstudiums die bisherige Starre der nationalen Prüfungsregelungen allmählich überwunden werden. Langfristig gesehen wird es (dem „Bologna-Modell" zufolge) immer weniger *die eine* punktuelle Abschlussprüfung geben. Skeptiker allerdings behaupten, dass das Studium dann in einer Aneinanderreihung vieler kleiner Prüfungen bestehen wird.

Teil I:
Das Umfeld der Prüfung

Kapitel 1 Gutes Timing

„Ein jegliches hat seine Zeit, und alles Vorhaben
unter dem Himmel hat seine Stunde."

Salomo

Sie sind also entschlossen, sich zur Prüfung zu melden. Jetzt – so sagen Sie sich – gibt es kein Zurück mehr. Mit dieser Anmeldung beginnt Ihre Prüfungszeit. Und über den Aspekt der Zeit wollen wir in diesem ersten Kapitel nachdenken.

Ich gehe davon aus, dass Sie die Prüfungsordnungen Ihrer Fächer, welche die an Sie gestellten Anforderungen bis ins Detail hinein regeln, genau kennen. Jedes Studienfach hat seine eigene Prüfungsordnung, die von Universität zu Universität differieren kann, doch für Sie ist allein diejenige Universität ausschlaggebend, an der Sie bald Ihre Prüfung ablegen werden. All dies wissen Sie bereits.

Jetzt liegt Ihre erste Aufgabe in der bewussten Planung Ihrer Zeit. Druck durch zu rasch verfliegende oder sinnlos vertrödelte Zeit ist eine Hauptquelle von Prüfungsstress. Nahezu jeder Kandidat glaubt, unabhängig von der real vorhandenen Zeit, nicht genügend davon zu haben, und deshalb es ist klug, umsichtig mit ihr umzugehen. Da Sie die Quantität der Zeit nicht nach Belieben ausdehnen können, geht es darum, ihre Qualität gut zu „füllen" und zu nutzen. Dazu nun einige Überlegungen:

Die meisten Fehleinschätzungen über das Maß an verfügbarer Zeit geschehen deshalb, weil die Prüfungskandidaten ausschließlich ihre Lernzeiten (und beim Verfassen der Abschlussarbeiten dann ihre Schreibphasen) planen. Dass neben dem Lernen das Leben auch weitergeht, dass das Einkaufen, Zeitung lesen, Waschen, die Kopfschmerzen und Grippetage auch Aufmerksamkeit fordern, das fällt aus den meisten Kalkulationen heraus, ganz zu schweigen von den dringend notwendigen schöpferischen Pausen. Zusätzlich zu den Unterbrechungen, in denen Sie neue Kräfte tanken, sollten Sie auch Zeiteinheiten als Pufferzonen mit einplanen, „leere" Stunden für gar nichts. Stunden, die Sie aber höchst wahrscheinlich brauchen werden, wenn ein Arbeitsvorgang länger ausfällt als gedacht. Intellektuelles Arbeiten fordert häufig das Mehrfache an Zeit als geplant. Und wenn Sie dies großzügig einkalkulieren, werden Sie am Ende keine Überraschungen erleben, die Sie aus der Bahn werfen. Und Sie haben damit gleichzeitig einem der wichtigsten Stressfaktoren wirksam vorgebeugt.

Nun ist Zeit nicht gleich Zeit. Nicht die messbaren Stunden und Minuten, sondern unser subjektives Zeitbewusstsein sagt uns, wie unsere Zeit verstrichen und erfüllt war. Spricht man gar von „gestohlener Zeit", wird sofort deutlich, dass es sich um ein kostbares, mühsam errungenes Gut handelt, das eigentlich nicht jemand anderem, wohl aber woanders hin gehört. Die ersten Monate der Prüfungsperiode erscheinen deshalb den Studierenden wie ein endloses Meer von Zeit, und in den letzten zwei, drei Tagen vor der Prüfung zählt fast jede Minute. Von daher ist es sinnvoll für Sie, von Anfang an gut zu haushalten, das heißt Extreme möglichst zu meiden, ein ausgewogenes Verhalten gegenüber der eigenen Zeit zu entwickeln.

Guter Umgang mit Ihrer Zeit beinhaltet auch das Wissen um biologische Rhythmen. Wir sind als Menschen wie alle übrigen Lebewesen eingebunden und abhängig von den jahreszeitlichen Zyklen, den Lichtverhältnissen, der Witterung. All diese beeinflussen nämlich nicht nur unser körperliches Empfinden, sondern auch unsere Motivation zu geistiger Arbeit und unser Leistungsvermögen. Rhythmusforscher belegen die bekannte Erfahrung „dass der Mensch den Prozess der Natur mitmacht: Im Frühling ist die Gefühlsaktivität hoch, ebenso im Herbst. Im Sommer ist der Mensch der äußeren Natur hingegeben. Diese Extraversion wird aber durch niedrige Denktätigkeit beantwortet. Im Winter distanziert sich der Mensch von der Außenwelt, er ist auf sich selbst verwiesen, was auch höhere Gedankenaktivität bedeutet." (HEIMANN 1989: 97).

Die moderne Chronobiologie hat auch die Tagesrhythmen genau untersucht und deutliche Zusammenhänge zwischen Körpervorgängen und Leistungskurven entdeckt, und Sie können sich auch diese Erkenntnisse für Ihre Prüfungszeit und danach zunutze machen[1]. Gleichwohl sollten Sie die Hinweise und Ratschläge für Ihre Zeitorganisation niemals starr für sich übernehmen, sondern sie immer für Ihre Person neu definieren. Wie bei allen rhythmischen Prozessen gibt es hier Schwankungen, denken Sie nur an die unterschiedlichen

Wachheitszustände des Frühaufstehers und des Nachtmenschen. Der eigentliche Sinn einer Auseinandersetzung mit dem biologischen Rhythmus liegt vielmehr darin, dass Sie sich dessen Eigenart und Bedeutsamkeit überhaupt bewusst werden, dass Sie ihn für Ihre Prüfungsziele einsetzen und nicht gegen ihn arbeiten. Lernen Sie mit dem Fluss dieser Energie, nicht gegen ihn.

Moderne Theorien des Zeitmanagements gehen längst davon aus, dass es keine universalen Regeln im Umgang mit der Zeit geben könne, weil die Menschen im Verhältnis zu ihr unterschiedlich gepolt seien. Dafür wird vor allem die unterschiedlichen Ausprägung der Hirndominanzen, also der Hirnhälften, verantwortlich gemacht.

Eher linkshirnig dominierte Menschen werden als *monochronisch* bezeichnet: Sie verfolgen zielstrebig immer nur eine Sache, binden sich an Termine und halten diese in der Regel ein; sie sind stark auf die Arbeitsprozesse selbst und weniger an deren kommunikativer Seite interessiert; sie bevorzugen harte Fakten und Daten, lieben Sicherheit und suchen nach einer korrekten Antwort. Aus all diesen Gründen gelten sie als zuverlässig, aber auch als eher engstirnig.

Rechtshirnig dominierte Menschen sind *polychronisch* organisiert. Sie erledigen am liebsten mehrere Dinge gleichzeitig und sind fähig, rasch auf die unterschiedlichen Impulse zu reagieren. Sie nehmen Zeitvereinbarungen locker und halten Termine deshalb oft nicht ein; sie betonen eher die kommunikative Seite des Arbeitsprozesses. Häufig und problemlos ändern sie ihre Pläne, sie gelten als intuitiv und akzeptieren mehrere Antworten als Lösung für ein Problem. Deshalb gelten sie zwar als phantasievoll und kreativ, gleichzeitig aber auch als „zerfahren und schusselig" (SEIWERT 2003: 57).

Sicherlich ahnen Sie, zu welcher Seite dieser Typologie Sie tendieren. Sie werden auch wahrnehmen, dass beide Arten, mit der Zeit umzugehen, ihre Vorteile, aber auch Einschränkungen haben. Die monochronische, alleinige Verfolgung des Prüfungszieles in den kommenden Wochen und Monate ist zweifellos „ideal" im Sinne des Prüfungserfolges – aber sie kann auch gleichzeitig zu einer gewissen Verbissenheit und zu sozialer Isolierung führen, was sich auf das Prüfungsziel selbst kontraproduktiv auswirkt. Nie gibt es nur einen einzigen zielgerichteten Weg. Umgekehrt kann der polychronisch strukturierte Kandidat gerade in dieser Zeit viel lernen, wenn er bereit ist, sich von der Vielzahl seiner Projekte zu verabschieden und seine Energie an nur eine Sache, nämlich die Prüfung selbst, zu binden.

Wenn Sie also spüren, dass Ihr eigener Umgang mit der Zeit Ihnen immer wieder Probleme macht, dass Ihnen Ihre Zeit andauernd „wegläuft" und unter den Fingern zerrinnt, können Sie durch Literatur zu diesem Thema produktiv allein oder in Ihrer Lerngruppe daran arbeiten[2]. Die hierfür investierte Zeit kommt Ihnen nicht nur während der Prüfungssituation selbst, sondern auch in anderen Lebensbereichen zugute. Hier einige der wichtigsten Regeln:

Prioritäten festlegen: Wie immer Sie Ihren Zeitplan für die kommenden Monate gestalten, Sie müssen vorher mit Klarheit bestimmen, was für den Gesamtprozess der Prüfungsvorbereitungen wesentlich und weniger wesentlich ist: d.h., Sie müssen eine klare Hierarchie der Prioritäten entwickeln. Dutzende Fotokopien nach Hause schleppen ist jetzt unwichtig. Zwei dieser Texte sorgfältig zu lesen könnte zentral wichtig sein. Lernen Sie zu unterscheiden!

Nein-Sagen: Der größte Zeitschlucker während der Prüfungsphase sind all die Verlockungen, die uns von der Konzentration abhalten. Sie selbst kennen Ihre internen („ich glaub', ich bleibe heute im Bett") und ihre externen (Telefon, Besucher, Einladungen) Zeitschlucker am besten. Definieren Sie sie klar und lernen Sie, Nein zu sagen.

Überfrachtung der Zeitpläne: Wenn die oben beschriebenen zeitlichen Pufferzonen nicht mit eingeplant werden, kommt es immer wieder zu Überfrachtungen des Zeitplans. Ich wiederhole hier: Denk- und Forschungsprozesse lassen sich nicht rechnerisch eindeutig antizipieren. Oft sind es gerade die Umwege, die uns zum Begreifen eines Sachzusammenhangs führen, und diese Umwege brauchen Zeit. Planen Sie deshalb großzügig. Überladen Sie nicht Ihre Zeit. Achten Sie vielmehr darauf, immer ein Gefühl von *Fülle* zu behalten, so dass Ihr Denken, Ihr Lernen, Ihr Forschen niemals wegen Zeitdruck in Bedrängnis gerät. Bleiben Sie also Herr über Ihre Zeit.

Anmerkungen

(1) Interessanterweise können solche rhythmischen Zusammenhänge durch Stress empfindlich gestört werden: „Die Auswirkungen der natürlichen Rhythmen werden von den Reaktionen des Körpers auf eine tatsächliche oder vermeintliche Notsituation geradezu überschwemmt (...) Diese Tatsache gilt sowohl für die körperliche als auch für die geistige Leistungsfähigkeit." J.M. Waterhouse, D.S. Minors und M.E. Waterhouse: Die innere Uhr. Mit ihr leben – und nicht gegen sie. Bern, Göttingen, Toronto und Seattle 1992, S.

60f. Siehe außerdem Kim da Silva: Der inneren Uhr folgen. Mit der Organuhr zu einem gesunden Tagesrhythmus. München 2000.
(2) Siehe Lothar J. Seiwert: Wenn du es eilig hast, gehe langsam. Das neue Zeitmanagement in einer beschleunigten Welt. Frankfurt/Main und New York 2003; Lothar J. Seiwert, Horst Müller und Anette Labaek-Noeller: 30 Minuten – Zeitmanagement für Chaoten. Offenbach 2002; Emil Oesch: Die Kunst, Zeit zu haben. Ratschläge für den Umgang mit unserem kostbarsten Gut. München 2002.

Kapitel 2 Prüfungszeiten und Familienplanung

> „Ich nehme den Gedanken der akademischen Freiheit
> überaus ernst und halte es für völlig gleichgültig,
> auf welche Weise ein Student sich bildet,
> ob als Teilnehmer von Seminaren und Vorlesungen
> oder bloß durch eigene Lektüre."
>
> *Theodor W. Adorno*

Vielleicht wundert es Sie, in einem Prüfungsbuch über Familienplanung zu lesen. Es ist inzwischen bekannt, dass die meisten Studierenden und berufstätigen Frauen ihre Kinderwünsche auf die späteren Jahre verlegen.

Statistisch gesehen stimmt dies so. Aber Statistik ist nicht Realität. Realität ist vielmehr, dass viele Studentinnen während des Studiums ihre ersten Kinder bekommen. Die jungen Eltern ahnen zurecht, dass die Zeit des Studiums, bevor man fest in der Berufsroutine verankert ist, durchaus günstig ist, ein Kind zu haben. Beide können ihre Seminare weitgehend selber einteilen, beide können mehr oder weniger frei universitäre Veranstaltungen wählen. Und, falls die Professoren nicht allzu sehr kontrollieren, kann man auch mal aus Seminaren wegbleiben. Dieses bewusste Fernbleiben, nicht aus Phlegma, sondern aus innerer Entscheidung des Studierenden heraus, gehört meiner Meinung nach zwingend zur akademischen Freiheit dazu. Wenn Sie für sich also entscheiden, dass ein langer Nachmittag zuhause oder in der Ruhe der Bibliothek momentan wichtiger ist als das Referat des Kommilitonen oder der Vortrag des Professors, dann gehört dies zu Ihrer Freiheit und zu Ihrer selbstbestimmten Verantwortung. Theodor W. Adorno hat die oben stehenden Worte in einem Vortrag ausgesprochen (ADORNO 1977: 476) – ein deutliches Plädoyer für studentische Eigenverantwortung und Selbstbestimmung.

Natürlich ist es anstrengend, mit schreienden Babys und zappelnden Kleinkindern zu studieren. Kleine Kinder haben keine Spur von Respekt vor wissenschaftlichen Büchern und vor Ihren Lernanstrengungen. Aber es ist dennoch gut möglich, zumal wenn die gegenseitige Unterstützung der Partner sowie die solidarische Hilfe von außen, von der Familie und von Freunden, gewährleistet ist. Wenn Sie als schwangere Frau oder als ihr Partner sich am Ende Ihres Studiums befinden und in die Prüfungsphase gehen, dann sollten Sie allerdings einige wichtige Punkte beim Timing beachten.

Setzen Sie Ihre Prüfungstermine grundsätzlich nicht in die unmittelbare zeitliche Nähe zum errechneten Geburtstermin Ihres Kindes. Dabei geht es gar nicht so sehr um die Frage, ob die Termine am Ende klappen, das heißt, ob Sie die Prüfung bestehen und das Kind gut zur Welt kommt. Äußerlich schaffen Sie es wahrscheinlich. Die dabei erzeugte Haltung ist jedoch sowohl für Sie als auch für das Kind schädlich. Viele Studentinnen und berufstätige Frauen glauben, wenn sie schwanger werden, vor sich selbst und vor der Umwelt beweisen zu müssen, dass sie durch die Schwangerschaft kein bisschen geschwächt werden. Um zu demonstrieren, dass sie weiter „voll funktionieren", treiben sie sich oft selbst zu Höchstleistungen an.

Damit bürden sich Frauen zusätzliche Belastungen auf, die sich nicht eben positiv auswirken. Dabei wäre es nicht unnatürlich, wenn die Schwangere sich ein wenig zurückzieht und ihre Energie in das Wachstum des Kindes gibt. Wird diese Energie extrem an etwas anderes gebunden, wie es bei der Prüfung eindeutig der Fall ist, so gibt es eine regelrechte Konkurrenz. Ich habe häufig Situationen erlebt, wo Schwangerschaft und Prüfungsvorbereitungen der Studentinnen gleichsam wetteiferten, nach dem Motto: „Wer ist der Erste?" Oft hat das Kind gesiegt. Es wurde zu früh geboren, und manchmal kam es zu Fehlgeburten. Manchmal hat beides gut geklappt, aber oft blieb ein ungutes Gefühl.

Tun Sie als Schwangere sich und Ihrem Kind dies nicht an. Wie ein Seismograph reagiert das Ungeborene auf jede Ihrer Empfindungen, Ihrer Stressfaktoren, Ihrer Frustrationen. Lassen Sie Ihr Ungeborenes in Ruhe wachsen. Wenn Sie aber absolut an Ihrem Plan festhalten und alles gleichzeitig unter Dach und Fach bringen wollen, wenn Sie also Schwangerschaft und Examen gleichzeitig bewältigen glauben zu müssen, dann sind der fünfte, sechste und siebte Monat in der Regel eher günstig, nicht so sehr die Monate vorher, und ebenso nicht nachher. Am besten wäre es, Sie lassen im Falle Ihrer Schwangerschaft alles ruhen, setzen Ihr Ungeborenes als erste und einzige Priorität. Erst nach der Geburt sollten Sie dann die Entscheidung fällen, wann Sie weitermachen und sich zur Prüfung melden. Dies wäre für alle Beteiligten die beste Lösung.

Natürlich hört das Thema niemals auf. Kleine Kinder bekommen Windpocken und Masern, sie haben ängstliche Phasen und alles, was unplanbar ist. Nie scheint der Prüfungstermin wirklich gut zu passen. Beides zu koordinieren verlangt dauernde Wachsamkeit. Kürzlich kam eine Studentin zwei Wochen vor der Prüfung in die Sprechstunde. Sie berichtete aufgeregt, wie ihr vierjähriger Sohn sich tags zuvor den Arm gebrochen habe: „Seltsam", sagt sie und schaut mich ungläubig an, „ob es da einen Zusammenhang zu meiner Prüfung gibt?" Und im selben Atemzug beantwortet sie sich die eigene Frage selbst: „Er konnte nur noch durch diesen Unfall mit mir sprechen."

Lassen Sie es nicht dazu kommen, dass Ihre Kinder fiebern und sich den Arm brechen müssen, wenn Sie sich zur Prüfung melden. Ihre gesamte Familie sollte Ihnen jetzt den Rücken stärken, vor allem Ihre Mutter, Schwestern und Freundinnen, und achten Sie darauf, dass Sie trotz allem für Ihr Kind ansprechbar bleiben. Die Lektion lautet: Ihr Ungeborenes und Ihr Kind sind wichtiger als alle Prüfungen der Welt. Prüfungen können warten, Kinder nicht.

Auch für werdende Väter bedeutet die Prüfungsphase Stress. Wenn Studenten Vater werden, glauben sie häufig, allerdings aus ganz anderen Motiven als die Frauen, unbedingt schnell ihre Prüfungen hinter sich bringen zu müssen. Sie stellen sich unter den Druck, vieles noch vor der Geburt des Kindes erledigen zu müssen: die Prüfung machen, die Wohnung wechseln, am besten schon eine feste Arbeitsstelle für danach organisieren. Hier überlebt in unseren modernen Zeiten ein Relikt aus der Vergangenheit, als es für Männer unvorstellbar erschien, zu heiraten und Kinder zu zeugen, bevor sie einen festen Beruf hatten und voll für den Unterhalt der Familie sorgen konnten. Zur Überwindung der langen Wartezeiten, bis der Mann wirklich so weit war, dienten damals die oft sich über Jahre hinziehenden Verlobungszeiten.

Derartige Wartezeiten gibt es hier und heute nicht mehr. Männer zeugen Kinder während des Studiums, auch während der Prüfungszeit. Manche von ihnen reagieren mit Panik auf eine Schwangerschaft ihrer Freundin oder Frau, manche glauben, Abtreibung sei die einzige Lösung in dieser Situation[1]. Viele Männer aber haben die Reife, die Situation anzunehmen, so wie sie ist. Und einige haben auch die Fähigkeit, sie als das zu interpretieren, was sie wirklich ist: nämlich

Glück. Dabei gilt für den werdenden Vater genau dasselbe wie für die schwangere Frau: Sie sollten, wenn es nicht wirklich zwingende Gründe für sie gibt, Ihre eigene Prüfungsphase nicht in die Zeit der Schwangerschaft Ihrer Frau legen. Sie sollten sich in dieser Phase nicht in zu viele außengeleitete Aktivitäten flüchten, sondern stattdessen gut verfügbar sein für die Frau und damit für das werdende Kind. Sie sollten sich nicht über Prüfungslernen aus Ihrer Vaterrolle und damit aus Ihrer Verantwortung herausziehen. Die Theorien, die behaupten, dass die Väter erst in den späteren Jahren für die Kinder wichtig sind, sind längst und nachhaltig widerlegt[2]. Von Anfang an, auch schon im Mutterleib, braucht das Kind einen präsenten Vater und nicht einen gereizten, entnervten Examenskandidaten. Lassen Sie das Kind zur Welt kommen, begrüßen Sie es entspannt auf dieser Welt – und machen Sie dann Ihr Examen.

Anmerkungen

(1) Auch viele Studentinnen, die während der Prüfungsphase schwanger werden, sind hiervon überzeugt. Sie lassen abtreiben, weil sie glauben, Prüfung und Schwangerschaft nicht gleichzeitig bewältigen zu können. Häufig verschieben sie ihren Kinderwunsch auf „danach", d.h., auf die Zeit nach der Prüfung. Peter Petersen, Professor für Psychotherapie an der Medizinischen Hochschule in Hannover glaubt, dass viele Frauen in einer solchen Situation ihre Trauer mit dem Gedanken überschütten: „Wenn ich diese Schwangerschaft nicht austrage, so will ich dafür in drei Jahren nach Abschluss meiner Ausbildung umso mehr Liebe dem nächsten Kind widmen." (S. 187). Peter Petersen: Schwangerschaftsabbruch – unser Bewusstsein vom Tod im Leben. Tiefenpsychologische und anthropologische Aspekte der Verarbeitung. Stuttgart 1986, S. 161.
(2) Siehe hierzu Horst Petri: Das Drama der Vaterentbehrung. Freiburg – Basel – Wien 1999; sowie Guy Corneau: Abwesende Väter – Verlorene Söhne. Suche nach der männlichen Identität. Solothurn und Düsseldorf 1993; und Jürgen Grieser: Der phantasierte Vater. Tübingen 1998.

Kapitel 3 Prüfungszeit ist Ausnahmezustand

Die Prüfungszeit ist eine seelische Extremsituation – im Guten wie im Schlechten. Im Guten ist sie eine Zeit der Herausforderung. Viele Studierende empfinden in dieser Zeit einen Kraftzuwachs nach all den Jahren, in denen sie eher selten an die Grenzen ihres geistigen Potenzials gelangten, und sie fühlen sich auf eine gute Weise herausgefordert. Sie können zeigen, was sie gelernt haben und was in ihnen steckt. Und sie haben das befriedigende Gefühl, eine Sache nun zum Abschluss zu bringen. Manche Studenten sagen, dass sie sich bei der Prüfung zum ersten Mal nach all den Studienjahren persönlich gefordert fühlten, und sie sind stolz auf die intellektuelle Gesamtleistung ihrer Prüfung. Hinzu kommt die Freude, den Status des Studierenden ablegen zu können, so wie ein Kleid, das nicht mehr zu einem passt. Mit dreißig wollen viele nicht mehr nur Lernende, sondern lieber selbst Lehrende sein und in der Welt wirken.

Aber Prüfungszeit ist Extremsituation auch im anderen, zwar nicht unbedingt im schlechten, wohl aber in einem problematischen Sinne. Jeder Studierende, der sich über Jahre hinweg mehr oder weniger allein durch das geisteswissenschaftliche Studium gearbeitet hat, wird die Prüfung als eine Art Nadelöhr empfinden. Hier wird sich in einer zeitlich kurzen Sequenz der Sinn von fünf, sechs oder sieben Jahren Studium offenbaren.

Als ich selbst noch Studentin war, ereignete sich in meinem engeren Bekanntenkreis etwas Merkwürdiges. Ein junger Mann, Anfang dreißig, hatte seinen Prüfungstermin bei den Juristen. Er zog seinen dunklen Anzug an, (was damals noch durchgängig üblich war), lud seine Taschen voll Spickzettel (was damals auch schon üblich war) und verschwand vor den Augen der fürsorglichen Freundin im Haupteingang der Juristischen Fakultät. Dort ging er zur Männer-Toilette. Er verließ diese erst wieder nach genau eineinhalb Stunden, um zu seiner wartenden Freundin zurückzukehren. Diese hatte in der Zwischenzeit eine Flasche Piccolo besorgt (auch das war damals schon üblich). Den Rest des Geschehens ersparen wir uns hier. Wenn ich recht erinnere, ist der Kommilitone ein (übrigens hervorragender) Modefotograf geworden.

Wir gehen davon aus, dass Ihnen so etwas nicht passiert. Und dennoch: Jeder ist mehr oder weniger anfällig für diverse irrationale Gefühle, vor allem für Ängste. Diese Ängste sind für die Betroffenen oft selbst schwer fassbar, sie äußern sich vorzugsweise in Stimmungsschwankungen sowie in psychosomatischen Erscheinungen wie Verdauungsbeschwerden, Erektionsschwierigkeiten und Hautreaktionen. Kurz: in Störungen des vegetativen Systems, jenes Systems, das in unserem Körper für den harmonischen Ablauf der Lebensprozesse sorgt und das auf jeden emotionalen Angriff hochsensibel reagiert.

Mehrere Dinge vermischen sich hier. Eine Rolle spielt die generelle Vorstellung des Prüfungskandidaten, bald den sicheren Hort der Universität verlassen zu müssen. Man verliert den geschwisterlichen Zusammenhalt mit den Kommilitonen. Man verliert das vertraute, kindliche Du. Man verliert den Status des Umsorgtwerdens, materiell durch die Eltern und durch BAföG, geistig durch die verlängerte Mutter, die „Alma Mater". Was danach kommt, liegt im Unsicheren. Man hat zwar seine Vorstellungen, Wünsche und Pläne, aber vorher, als Vorbedingung muss das Nadelöhr des Ausgangs, die Prüfung, passiert werden.

Für viele bedeutet diese Prüfung durch einen akademischen Lehrer eine Wiederauflage der elterlichen Autorität mit allen, was diese Autorität einschließt: Liebe und Hass, Anziehung und Abstoßung. Man ahnt, die Prüfung wird nur gelingen durch ein Mindestmaß an Unterwerfung – oder sagen wir lieber Anpassung. Anpassung an die Prüfungsbestimmungen, Anpassung an die geistige Ausrichtung des prüfenden Hochschullehrers und Unterwerfung unter das Ritual der Prüfung.

Ich glaube nicht, dass diese Unterwerfung in dem Maß wirklich von Ihnen gefordert wird. Vielmehr fühlen sich viele Studenten aus sich heraus dazu verpflichtet. Und viele agieren schon im Vorfeld der Prüfung im Sinne eines Unterwerfungsrituals. Sie verhalten sich unreifer als ihr Erwachsenenstatus es eigentlich erwarten ließe. Ich selbst spüre dies immer dann, wenn Studenten in der Prüfungszeit, nachdem sie während ihres bisherigen Studiums eher distanziert waren, die Grenzen verwischen. Sie werden plötzlich sehr persönlich, indem sie intime und die eigene Familie betreffende Geschichten erzählen, z.B. von Krankheiten, Geldsorgen und Partnerproblemen.

Das Ritual der Prüfung fördert die Impulse der Studierenden, sich noch einmal in ihre kindlich-abhängige Position zurückzuflüchten.

Dabei schreiben sie den Hochschullehrern gern die Rolle eines Elternteils zu, mal ist das die Rolle des strengen Vaters, mal die der guten Mutter. In der Psychoanalyse nennt man diesen Vorgang *Übertragung*, und man weiß auch, dass solche Übertragungsgefühle ungewöhnlich heftig sein können. Man kann sich diese Gefühle nicht einfach wegwünschen oder wegdenken, sie sind einfach da. Später, wenn wir über „schlechte Noten" sprechen, werde ich auf diesen Punkt zurückkommen. Dann nämlich, wenn wir als Hochschullehrer die kindlichen studentischen Wünsche in einer Prüfung nicht erfüllen, das heißt, wenn wir nicht „lieb" sind und auch einmal schlechte Noten geben, dann bricht häufig die geballte Negativkraft heraus, die immer auch in der Übertragung mit enthalten ist. Eine Enttäuschung über eine schlechte Note kann mitunter Lawinen von Hass auslösen. Aber davon später.

Noch ein weiteres trägt wesentlich zu dieser Angstbereitschaft bei. Jeder Student, der über Jahre hinweg an der Universität studiert, muss zwangsläufig in sich ein Bild seiner eigenen Leistung entwerfen. Dies aber fällt vielen außerordentlich schwer. Weil es so wenig wirklich objektive Kriterien gibt, ist das innere Bild, das Urteil über das eigene Leistungsvermögen bei vielen Studierenden schwankend, oft hoch fragil. Selbst Zwischenprüfungen und so genannte abschichtende Leistungen während des Studiums ändern daran nur wenig. Manche Studenten hängen noch immer den kindlichen Vorstellungen von innerer Allmacht nach: „Ich kann alles", und „Ich schaffe alles spielend", und die Universität mit ihren großen Seminaren, wo man über Jahre hinweg unentdeckt untertauchen kann, ist ein geeigneter Nährboden für solche Omnipotenzphantasien.

Aber die Betroffenen ahnen natürlich in ihrem Inneren doch, dass diese Allmachtsphantasien gefährdet sind und wie ein Luftballon plötzlich zerplatzen könnten. Das aber würde das *Aus*, das *Nichts* bedeuten, kein Boden trüge dann mehr. Hier erahnen wir die ausgesprochene Nähe zu den depressiven Verstimmungen, die in dieser Zeit so häufig auftreten. Was, wenn das Luftgebäude über mein eigenes Leistungspotenzial zusammenbräche? Wer oder was trägt mich dann?[1].

Der Ausbruch einer Depression – auch einer Psychose – während der Prüfungszeit ist nicht außergewöhnlich, sondern häufiger als man gemeinhin annimmt[2]. Wir sehen und hören an der Universität selbst wenig davon, weil das Charakteristische dieser Erkrankungen gerade darin liegt, dass der Betroffene sich von der Umwelt und natürlich von der Universität für kürzer oder länger zurückzieht, oftmals sogar ganz. Viele nehmen den Ausbruch einer Depression oder Psychose auch als Anlass, den Kontakt zur Universität endgültig abzubrechen.

In den seltensten Fällen geschieht es, dass ein Studierender ein Jahr später zu mir in die Sprechstunde kommt und die Verzögerung des Examens mit den Worten erklärt: „Ich hatte eine schwere Depression. Ich wusste vorher gar nicht, dass es so etwas gibt und ich habe mich in Behandlung begeben." Der Durchgang durch diese Krise, die professionelle Unterstützung und Begleitung sind dann gute Voraussetzungen für einen erneuten Prüfungsanlauf.

Noch einmal: Es müssen durchaus nicht schwere Krisen oder gar Erkrankungen sein, mit denen Sie in der Prüfungszeit zu rechnen haben. Aber für alle Studierenden ist Prüfungszeit eine Zeit der Extreme. Und man tut gut daran, dies zu wissen und in gewisser Weise einzuplanen. Konkret heißt dies, dass Sie Ihr Leben in den Wochen und Monaten der Prüfung wachsamer und aufmerksamer als gewöhnlich gestalten und ein Stück mehr Verantwortung für sich selbst übernehmen sollten.

Anmerkungen

(1) Wolfram Lüders zitiert die Aussage eines 23jährigen Studenten: „Habe ich nur die Vermutung, ich hätte in einer Klausur schlecht abgeschnitten, bekomme ich das Gefühl, ich hätte überhaupt kein Recht mehr. Kein Recht mehr zu essen, zu sprechen, zu arbeiten, zu schlafen. Ich müsste mich schämen und könnte mich keinem mehr unter die Augen trauen. Die anderen werfen es mir vor, ich hätte versagt und ich denke, alles ist aus." Wolfram Lüders: Lern- und Leistungsstörungen. Ein Beitrag zur Psychoanalyse der Arbeitsstörungen. In: Psyche, Dezember 1967, S.935.
(2) Siehe hierzu: Rainer M. Holm-Hadulla: Psychische Schwierigkeiten von Studierenden. Göttingen 2001; Horst-Ulfert Ziolko: Psychische Störungen von Studenten. Symposion vom 22.-24.März 1968 in Berlin. Stuttgart 1969; sowie Mathias Hirsch: Arbeitsstörung und Prüfungsangst. In: Mathias Hirsch (Hrsg.): Psychoanalyse und Arbeit. Göttingen 2000, S. 76-99.

Kapitel 4
Das soziale Netz des Prüfungskandidaten

> „Gerade die Veränderung des psychosozialen Klimas
> an der Hochschule machen die Abhängigkeiten,
> die in der Prüfung wirksam werden, für jeden
> einzelnen Studenten subjektiv nachvollziehbar."
>
> *Michael Daxner*

Die inneren Gefährdungen, von denen eben die Rede war, die Rollen-Irritationen und die damit verbundenen Ängste – sie sind das eine. Darüber hinaus sind Sie eingebunden in ein Netzwerk sozialer Verflechtungen, das Sie in der Prüfungszeit stärker als normal zu spüren bekommen und das an Ihnen zerrt.

Am heftigsten zerren die Fragen der Familie, die liebevoll-bohrenden Fragen („Wann bist Du soweit?" und „Wie lange dauert es denn noch?") oder die Zeit und Geld bezogenen mahnenden Bemerkungen („Ich verstehe gar nicht, was da so lange dauert?" oder „In Deinem Alter war ich schon in Lohn und Brot!"). Diese Fragen von außen werden schnell verinnerlicht, so dass sie nur allzu bald als wiederum bohrende und drängende Stimme in Ihnen selbst auftauchen. Etwa in dem Sinne: „Meine Mutter erwartet von mir, dass ich endlich fertig werde. Und sie hat ja recht." Oder: „Meinem Vater ist es lästig, dass er weiter mein Studium bezahlen und sich deshalb persönlich so viel verkneifen muss." Und die innere Stimme in Form von Schuldgefühlen ist oft entschieden strenger als die der realen Eltern, sie ist manchmal gnadenlos-quälend.

Es ist schwer mit Schuldgefühlen dieser Art umzugehen, weil sie tatsächlich das Maß des äußeren Drucks repräsentieren, gegen den man sich schwer wehren kann. Hier helfen gleichwohl das Bewusstsein und die Überzeugung, dass Sie in dieser Prüfungsphase das absolute Recht haben, sich die Zeit zu nehmen, die Sie wirklich brauchen. Prüfungszeit ist Prüfungs*zeit*, das heißt, manche brauchen ein paar Monate, andere hingegen brauchen ein bis zwei Jahre (und noch mehr). Prüfungszeit ist kein rascher punktueller Abschlussmoment, sondern selbst eine Zeit der

Reifung, die Quintessenz des Universitätsstudiums überhaupt, und Ihnen allein steht es zu, die von Ihnen benötigte Zeit zu definieren. Und wenn es sich herausstellt, dass Sie die Zeit verlängern wollen, dann obliegt auch dies allein Ihrer Entscheidung und Verantwortung[1].

In den folgenden Abschnitten werden wir das äußere Netz der Erwartungen, dieses soziale Geflecht, in das Sie als Prüfling eingebettet sind, anschauen. Es sind sehr komplexe und teilweise widersprüchliche Rollenanforderungen, innerhalb derer Sie sich in der Prüfungszeit bewegen. Und es ist für Sie nur von Nutzen, diese zu kennen, mit ihnen als Faktoren zu rechnen und sie u.U. selbst in die Planungsstrategie Ihrer Prüfung mit einzubeziehen. Alles, was im Dunkeln und im Unbewussten bleibt, kann eine Quelle von Angst sein und kann uns lähmen. Hingegen führt alles, was angeschaut und durchschaut werden kann, dazu, die Angst zu reduzieren und dem autonomen Handeln mehr Spielraum zu geben.

Schematisch kann der Prüfungsprozess im sozialen Beziehungsgeflecht folgendermaßen dargestellt werden:

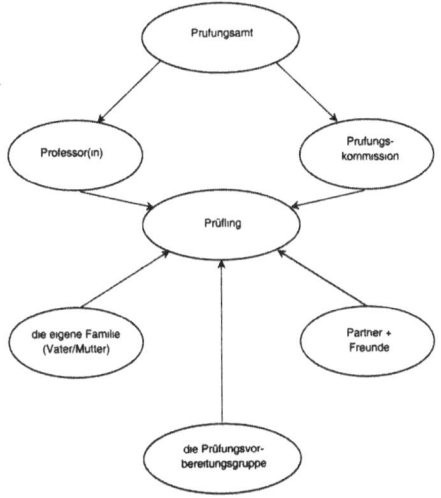

- In der Mitte stehen Sie als Prüfling selbst
- Als Gegenüber die prüfenden Professoren
- Prüfungskommission
- Das Prüfungsamt

- Die eigene Familie
- Partner und Freunde
- Die Prüfungsvorbereitungsgruppe

(A) Der prüfende Professor – die Professorin

Von dem prüfenden Professor gehen die Haupterwartungen aus. Der Professor setzt die Standards. Er verweist auf den Kanon des Wissens. Er setzt die theoretischen Maßstäbe. Und normalerweise gibt er auch die Stimmung vor, die in der Prüfung besteht. Er entscheidet, welches Ausmaß an Hintergrundwissen Sie sich erarbeiten müssen, das heißt, wie viele Wochen und Monate Sie am Schreibtisch sitzen werden. Mit ihm sprechen Sie den Ablauf der Prüfung möglichst weitgehend und sorgfältig ab, soweit er dazu bereit ist.

Aber bedenken Sie auch dies: Sie haben es nicht nur mit dem Professor als Prüfungsmaschine zu tun. Der Professor ist auch Mensch, mit allen seinen Schwächen und Stärken. Was Wilhelm Busch über seine eigenen Berufskollegen schreibt, – „Er ist ein Dichter, also eitel" – das trifft auch auf Professoren zu. Sie sind eitel, um Anerkennung und wissenschaftliches Renommee bedacht. Welcher Professor möchte schon anlässlich einer Prüfung offenbaren, dass er den Studenten in seinen Seminaren nichts oder nur Mangelhaftes an Wissen beigebracht hätte? Dies wäre die Quittung für seinen eigenen mangelhaften Unterricht, für fehlende Methode, für fehlende Theorie.

Die Professoren sind sehr wohl daran interessiert, dass bei den Examina ein bisschen Glanz auch auf sie selbst fällt. Und je eitler, desto mehr. „Herr Kollege, Sie haben ganz hervorragende Studenten!" Dieser Satz heißt dann in ihrer Wahrnehmung: „Herr Kollege, *Sie* sind ganz hervorragend!" Und umgekehrt natürlich auch: „Herr Kollege, Ihr Student ist leider sehr schwach in seiner Leistung!" Das wird dann verstanden als: „Herr Kollege, *Sie* sind schwach in Ihrer Lehre."

Der Prüfling hat also recht, wenn er die Erwartung des Professors an ihn selbst hoch ansetzt. Aber dieses sollten Sie als eine positive Entdeckung werten, als etwas, was Ihnen entgegenkommt: Der Professor ist *nicht* Ihr Feind, Ihr Angreifer. Sie und er ziehen am selben Strang, das eine Interesse ist auch das des jeweils anderen. Holen Sie das Beste heraus für sich und den Professor, so verlieren Sie keine unnötige Energie.

(B) Das Prüfungsamt

Kaum melden Sie sich zur Prüfung an, so haben Sie es mit einer eigens dafür geschaffenen Institution zu tun, dem Prüfungsamt. Das Prüfungsamt ist genau das, was sein Name sagt, ein Amt für Prüfungen. Nicht mehr und nicht weniger.

Das Amt besteht aus mehreren Verwaltungsangestellten und dem Leiter, der das hochkomplexe Bündel von Prüfungsbestimmungen verwaltet wie der Leiter eines Bahnhofs die Ankunft und Abfahrt der Züge. Hochkomplex deshalb, weil es erstens unendlich viele Bestimmungen gibt (mit der Tendenz, sich weiter zu vermehren) und zweitens, weil sich diese Bestimmungen in ständigem Wandel befinden. Kaum gibt es eine neue Bestimmung für das Fach XY, kaum zieht die Hausdruckerei nach und druckt entsprechend neue Formulare, so sind diese Bestimmungen auch schon überholt. Die Amtssprache bezeichnet diesen Vorgang gern als „Ergänzung". Neuerdings wird auch das Internet eingesetzt, d.h. die Studierenden holen sich ihre gesamten Prüfungsunterlagen aus dem Computer.

Es ist schwer zu beurteilen, was hier berechtigt und was übertrieben ist. Die Studierenden signalisieren mir allerdings regelmäßig, dass sie die Fülle der Formulare für eindeutig übertrieben und verwirrend halten. Und ich bekomme immer wieder hautnah mit, wie gerade dieser Tatbestand manche Verwaltungsangestellte in der Prüfungsbehörde selbst an den Rand des Wahnsinns treibt. Immer wieder müssen sie bedauernd zugeben, dass sie diese oder jene Bestimmung für dieses oder jene Fach einfach nicht kennen. Ähnlich wie manche Beamten beim Finanzamt, die auch nicht immer den Anschluss an die neueste Entwicklung der Finanzgesetzgebung finden. Und es ist ihnen nicht einmal persönlich anzulasten.

Und bei all dem reagieren Studierende sensibel und bisweilen auch übersensibel und heftig. Wehe, die Angestellten des Prüfungsamtes reagierten nicht freundlich und kooperativ, so wie die Studenten es sich wünschen. Wehe, die Beamten und Angestellten verhalten sich formal oder sogar starr – „Frist ist Frist!", „Stempel ist Stempel" – dann bricht für manche Studenten die Welt zusammen. Dann reagieren sie häufig mit grenzenloser Enttäuschungswut. Sie kommen in meine Sprechstunde, beschweren sich über das „ungebührliche Verhalten" der Beamten, teilen mir voller Eifer mit, dass sie mit dem Prüfungsamt „nur noch über Einschreiben" kommunizieren wollen und erkennen dabei gar nicht, in welche unschöne Beamtensprache und -mentalität sie selbst verfallen. Auch merken sie meistens nicht, das ich gar nicht deren Dienstherr bin. Sie haben sich sozusagen in der Adresse geirrt. Vielleicht – so mutmaße ich – handelt es sich hier um eine Art von Verschiebung im klassischen Sinne. Der eigentliche Feind und Angstauslöser (der Professor) wird verschont und die angestaute Wut und Frustration wird auf die schwächeren, und vor allem weniger gefährlichen Personen verschoben.

Aber wo liegt die Wahrheit? Ich behaupte nicht, dass meine Wahrnehmung die richtige ist, ich glaube aber doch, das es unverhältnismäßig viele Formen der Überreaktionen bei Studierenden gibt – eben wegen der schon mehrmals beschriebenen Anspannung. Die Konfrontation mit den Mitarbeitern der Prüfungsbehörde provoziert ein allzu starres und damit unrealistisches Freund-Feind-Denken. Entweder unterstützt mich der Prüfungsbeamte in meinem Vorhaben. Oder aber er blockiert mich, er will mich nicht durchlassen – also ist er mein Feind.

(C) Die Prüfungskommission

Nun kommt noch eine dritte Instanz hinzu, mit der Sie sich in Ihrer Prüfung arrangieren müssen. Dies ist die Prüfungskommission, der die Kontrolle über die Inhalte und den unmittelbaren Ablauf der Prüfung obliegt. Bei universitäts-internen Prüfungen besteht diese Kommission aus Hochschullehrern. Manchmal setzt sie sich auch aus außenstehenden Personen zusammen – wie etwa bei den Theologen aus Mitgliedern der Landeskirchen. Und bei dem Staatsexamen für den Schuldienst sind meistens Lehrer, die sich durch jahrelange Erfahrung für diese Aufgabe profiliert haben, als Kommissionsmitglieder tätig. Einer hat in der Regel die Rolle des Prüfungsvorsitzenden inne, ein anderer führt das Protokoll.

Das Entscheidende bei dieser Konstellation liegt darin, dass Sie sich als Prüfling in Ihrer Vorbereitungszeit innerlich ganz auf Ihren Hochschullehrer, auf dessen Persönlichkeit, Lehr- und Prüfungsstil eingestellt haben, dass Sie es in der Prüfung selber aber mit einer Gruppe von Menschen zu tun haben. Das Gesamturteil wird am Ende immer von der Gruppe abgesegnet, selbst wenn der Professor die Note vorschlägt, und es ist für Sie deshalb ratsam, sich auch auf die übrigen Mitglieder der Kommission bewusst einzustellen. Respektieren Sie die Mitglieder als gleichrangig, das heißt, stellen Sie mit Ihrem Verhalten keine Hierarchien her. Wenn Sie beispielsweise den Protokollanten nur als Schreibkraft werten und behandeln, wenn Sie ihm die Namen irgendwelcher, am liebsten noch fremdsprachlicher Wissenschaftler wie unverdaubare Brocken hinwerfen, dann werden Sie sich wenig Sympathie schaffen. Natürlich wird der Protokollant nicht bei jedem zweiten Namen nachhaken – aber er wird zunehmend ärgerlich werden.

Für mich selbst als Hochschullehrerin sind solche Faktoren im Prüfungsgeschehen, die Sie vielleicht als nebensächlich bewerten mögen, jedes Mal wieder wichtig. Wenn wir prüfen, beurteilen wir niemals nur den momentanen Wissenstand des Kandidaten: Wie viel weiß er gerade? Wir entwerfen immer auch gleichzeitig ein Bild des zukünftigen Inhabers eines Amtes, eines Berufs. Ich stelle mir vor, wie das Sprach- und Sozialverhalten dieses Kandidaten später sein wird: Wird er Schulkinder mit unverstandenen Fremdworten bombardieren? Wird er auf der Kanzel stehen und Floskeln sprechen, die niemanden wirklich erreichen? Wird er sein Gegenüber anschauen, wenn er spricht?

In Prüfungen wird natürlich Stoff, universitärer Bildungsstoff abgefragt. Aber wenn es um die Beurteilung eines zukünftigen Akademikers geht, eines späteren Lehrers, Soziologen oder Museumspädagogen usw., schaut die Prüfungskommission viel stärker als Sie vielleicht vermuten, auf verhaltensmäßige Faktoren, soweit sich diese innerhalb einer Prüfungsstunde erkennen lassen. Hier ein kleiner Hinweis aus einem anderen Zusammenhang, der genau erhellt, was ich hier meine: In einem Zeitungsartikel wird über die Kriterien berichtet, nach denen Stipendien an Studierende vergeben werden. „Ausstrahlung ist oft wichtiger als eine Eins im Zeugnis"[2], lautet die Überschrift und enthält damit die Quintessenz des Berichts. Gute Noten sind zwar von Vorteil, aber niemals ausschlaggebend. In diesem Sinne müssen Sie sich auch die Wahrnehmung der Prüfungskommission und die Einschätzung Ihrer Prüfungsleistung vorstellen.

Eine Gruppe von Menschen – also hier eine Prüfungskommission – gelangt meist zu einem angemessenen Urteil über eine Person. Die Mitglieder kontrollieren sich gegenseitig in ihrer Wahrnehmung, so dass Missverständnisse, geschweige denn Entgleisungen, die durch einen Hochschullehrer allein verursacht werden könnten, durch die Existenz der Gruppe selbst schon verhindert werden. Nutzen Sie diese Gruppe für sich.

(D) Die liebe Familie

Wir sprachen vom sozialen Netz, in dem Sie sich als Prüfling befinden. Natürlich gehört die Familie an erster Stelle dazu, vor allem dann, wenn sie das Studium bezahlt. Sie sind erwachsen, fast dreißig Jahre alt, manchmal auch älter. Sie haben Ihren eigenen Alltag, Ihr Liebesleben, vielleicht haben Sie selbst schon eine Familie gegründet. An dieser Stelle sind Sie aber abhängig wie ein Kind von den Überweisungen der Eltern. Natürlich wollen Sie das loswerden. Bekanntermaßen gibt es ja junge Erwachsene, die sich an den Zustand des abhängigen Kindes klammern. Sie schicken oder bringen auch mit 25 noch am Samstag die Wäsche zur eigenen Mutter und holen sie am Montag frisch gewaschen und gebügelt in ihr Studentenzimmer.

Sie sind erwachsen, erklären den Eltern auch schon seit geraumer Zeit, dass nun bald alles ein Ende haben wird. Und dann verlässt Sie Ihr Freund, die Prüfungsbestimmungen ändern sich und zwei Scheine fehlen, noch einmal ein halbes Jahr Zeitverlust. Dann kommt die Sommerpause und der Professor forscht gerade in Übersee, wieder sind fünf kostbare Monate vergangen. Die Monate, die Halbjahre und Jahre verfliegen unter der Hand. Die Eltern warten und mahnen, beginnen schließlich zu klagen und zu drohen. Der Examenskandidat spürt, dass seine Uhr langsam abläuft, dass ihm irgendwann der Geldhahn abgedreht wird.

Meiner Erfahrung nach sind die damit einhergehenden Probleme sehr ernst zu nehmen. Die Betroffenen spüren ganz richtig, dass sie mit dem monatlichen Geldfluss in einer Abhängigkeit verharren, die ihrem sonstigen sozialen Status als Erwachsene grundlegend zuwiderläuft. Außerdem – so wichtig Geld an sich ist – mindestens ebenso relevant ist das, wofür Geld (auch) steht. In diesem Fall repräsentiert die monatlich fließende Geldsumme die existentielle, das heißt die versorgungs- und verantwortungsmäßige Verklammerung mit den Eltern. Vor allem der Aspekt der Verantwortung ist an dieser Stelle bedeutungsvoll. Wer die Versorgung der eigenen Person gern oder leicht anderen überlässt, tendiert auch meist dahin, die Verantwortung für sich selbst an andere zu delegieren, sei es an die Familie oder als Ersatz dafür an eine Institution.

Während in der Vergangenheit oft schon sehr junge Menschen die eigene Familie verließen und sich in einer anderen Stadt niederließen (wegen Lehrstelle, Militär oder Studium), ziehen die meisten Jugendlichen heute mit etwa 20 Jahren von zu Hause fort, viele auch noch später. Nach Bundeswehr oder Zivildienst (für die Männer) und nach diversen Urlaubs- und Auslandsaufenthalten zieht sich für den Großteil der Studierenden das Studium bis zum Alter von etwa 30 hin. Soziologen sprechen hier von der „verlängerten Adoleszenz" und analysieren das damit einhergehende *„psychosoziale Moratorium"*[3], in dem diese Langzeitjugendlichen ihr Leben gestalten.

(Wir wissen natürlich, dass nicht alle Studenten unter die Kategorie der verlängerten Adoleszenz fallen. Im Gegenteil ist es statistisch belegt, dass ca. 50 % der Studierenden ihren Unterhalt teilweise oder sogar vollständig verdienen müssen. Dieses Faktum wird von Seiten der Universität unterschiedlich beurteilt. Auch von den Studierenden selbst wird es – trotz erheblicher Mehrbelastungen – nicht nur negativ interpretiert. Viele behaupten, dass das Eintauchen in die Berufsarbeit, sei es in einer Küche, einer Klinik oder sonst irgendwo unter Menschen, sie nach dem vielen Lernen allein am Schreibtisch wieder in das rechte Maß bringe. Und dies ist ein starkes Argument.)

Der Umgang mit der Familie – gerade in Prüfungszeiten – ist tatsächlich nicht leicht. Er ist vielmehr hochambivalent für beide Seiten: für Sie und ebenso für Ihre Familie. Oft erhalten Sie widersprüchliche Signale von Seiten der Eltern. Neben der Botschaft: "Werd' doch endlich fertig! Mach' doch Deine Prüfung!" kann durchaus parallel als Unterton der Appell mitschwingen: „Ach, bleib doch wie Du bist. Ach, bleib uns doch als unser Kind erhalten, damit wir weiter für Dich sorgen können." Psychologen bezeichnen diese doppelte Schwingung als *double-bind:* zwei verschiedene, im Grunde gegensätzliche Botschaften wirken auf Sie ein, und Sie stehen vor der verzweifelten Aufgabe, diese zu dechiffrieren und angemessen damit umzugehen.

Auffälligerweise – oder vielleicht sollte man sagen logischerweise – spiegelt sich diese Ambivalenz, dieses Doppelbödige in der Prüfungssituation meist auch in den Studierenden selbst wider. In den studentischen Beratungsstellen erfährt man immer wieder, dass gerade Studierende, die besonders energisch für ihr Examen kämpfen, die durchstarten und bis zur Erschöpfung arbeiten, oft unter extremen Loslösungsproblemen leiden. Der unbewusste Wunsch, Kind bleiben zu wollen wie Peter Pan, blockiert sie in ihrem Verlangen nach Erwachsenenautonomie.

Wir wollen es hier nicht komplizierter machen als es schon ist, aber fast immer spielen innerhalb der Prüfungsphase ungelöste familiäre Konflikte eine Rolle. Oft brechen solche Konflikte, von denen die Studierenden glaubten, dass sie sie längst hinter sich hätten, jetzt erneut auf. Mehr als während der Studienphase selbst ist für Sie jetzt entschieden Abgrenzung notwendig. Vielleicht sollten Sie wirklich die allzu häufigen direkten Kontakte zur Familie reduzieren. Nein-Sagen gegenüber mütterlichen Wünschen und väterlichen Argumentationen ist angesagt. Sie allein setzen das Maß für die Zeit und Intensität, die Sie jetzt für sich und für Ihr Prüfungsvorhaben brauchen. Denn niemand außer Ihnen hat das Gelingen Ihrer Prüfung zu verantworten. Nicht Vater, nicht Mutter, sondern Sie.

(E) Partner und Freunde

Der Partner, die Partnerin, die Freunde ringsum und die Mitbewohner der WG gehören ebenfalls zum sozialen Netz des Prüflings. Unterschätzen Sie diese nicht, denn sie gehören im positiven wie im negativen Sinne dazu. Im Positiven: Ihre Freunde fangen Sie auf, tragen und halten Sie in den Monaten, Wochen und Tagen der Prüfung. Sie diskutieren die Prüfungsthemen mit Ihnen, machen Ihnen Mut und bringen Sie in Fassung zurück, wenn Sie überreagieren. Und am Tage der Prüfung stehen sie draußen auf dem Flur und warten auf Sie. Und das tut gut. Nach bestandener Prüfung öffnen die Freunde die besagte Sekt-Flasche und feiern mit Ihnen. Geteiltes Glück ist doppeltes Glück.

Im Negativen können Partner und Freunde aber auch als Belastung empfunden werden. Freunde und Mitbewohner fühlen sich enttäuscht durch den zeitweisen Rückzug, durch die Anspannung und manchmal die Unansprechbarkeit des Prüflings, der nur noch eins im Sinn hat: durchzukommen. Liebesbeziehungen beginnen zu kriseln. Gemeinsame Unternehmungen werden gestrichen, die längst geplante Reise mit der Geliebten fällt wegen Terminschwierigkeiten ins Wasser. Die Sexualität ist angegriffen. Wer hat schon Lust, mit einem Nervenbündel zu schlafen – und umgekehrt, welches Nervenbündel hätte schon Lust?

Es ist tatsächlich nicht selten, dass mir Studierende während der Prüfungsphase in der Sprechstunde anvertrauen, dass ihre Beziehung gerade jetzt auseinander zu gehen drohe, und zwar wegen der unerträglichen Anspannung. „Nie im Leben war ich so angespannt wie jetzt", sagt mir eine Frau im 13. Semester. „Ich kann mich selbst nicht mehr ertragen, wie soll mich da meine Freundin aushalten", sagt ein Student. Natürlich bin ich nicht Beraterin in Partnerschaftskonflikten, aber es bedarf nicht viel Tiefsinn, die Zusammenhänge zu erkennen und schlichtweg zu raten: Ruhe! Geduld! Keine Eingriffe, keine großen Entscheidungen während dieser Zeit! Warten Sie ab, bis sich alles wieder glättet und Sie wieder in die Normalität zurückkehren.

Erinnern sie sich immer wieder an Ihren inneren Prüfungsauftrag: Sie machen die Prüfung für sich selbst, nicht aber um Ihren Partner zu beglücken oder vor ihm zu bestehen. Ihr Partner und Ihre Freunde sollten Sie auch ohne Glanzzensuren schätzen und lieben. Ihre WG-Mitglieder interessieren sich nicht für Ihre Noten, wohl aber für Ihr Durchkommen. Das heißt konkret: Sie dürfen sich jetzt nicht von den vermeintlichen Erwartungen der anderen leiten lassen. Sie allein setzen Ihre Standards.

Vielleicht wundern Sie sich über diese Bemerkungen und vielleicht scheinen sie Ihnen abwegig oder überzogen. Aber in Gesprächen mit Prüfungskandidaten erfahre ich extrem häufig von solchen Dingen. In der Prüfungssituation neigen viele Studierende – neben all der Anspannung bzw. gerade auch wegen ihr – zur *Regression*. Regression bedeutet auf einen Konflikt nicht mit Widerstand und einem Zuwachs von Autonomie zu reagieren, sondern mit Rückgriff auf alte, wohlvertraute und in der Vergangenheit bewährte Handlungsstrategien.

Die starke Orientierung des eigenen Handelns auf die Reaktion der anderen entspricht solch einem überholten Muster. Als Kind wurde man von früh an dahin gebracht, auf die Resonanz, auf das Feedback der Erwachsenen zu achten. Das Kind war abhängig vom „Glanz im Auge der Mutter" oder des Vaters, der Kindergärtnerin und später des Lehrers. Wenn diese zustimmend nickten oder lächelten, dann war die Welt in Ordnung: „Fein gemacht!" Jeder neue Schritt wurde von wohlwollender Zustimmung der Erwachsenen begleitet. Und das Kind in seinem Wachstum brauchte diese Bestätigung, das Lob von außen.

Natürlich benötigt auch der Erwachsene, benötigen auch Sie in Ihrem Studium Resonanz, Lob und Ermunterung. Von den Kommilitonen, von den Hochschullehrern, von Partnern. Aber jetzt in der Prüfung sollten Sie sich von diesen Strukturen lösen und sich bewusst stärker von dem Sachaspekt Ihrer Prüfung, das heißt, von den Inhalten und Zielen leiten lassen. Ihr Prüfungsziel liegt in einem bestandenen Examen, nicht mehr und nicht weniger. Auf jeden Fall wollen Sie damit nicht irgend jemand glücklich machen.

(F) Lern- und Arbeitsgruppen

Falls Sie nicht ein notorischer intellektueller Einzelgänger sind (und auch bleiben wollen), ist es klug für Sie, spätestens jetzt eine Lerngruppe zu begründen oder sich einer schon bestehenden anzuschließen, die Ihnen während der Prüfungszeit Rückgrat gibt. Die meisten Studierenden bestätigen nach ihrer bestandenen Prüfung nämlich, dass ihre Lerngruppe nicht nur an ihrem Erfolg, sondern vor allem zum Durchhalten beigetragen habe. All das, was Ihre Familie, Freunde und Partner jetzt *nicht* zu leisten vermögen, das Sich-Einfühlen in Ihre Sorgen und Nöte – ganz zu schweigen vom Verstehen der Prüfungsinhalte – das bekommen Sie mit Sicherheit durch Ihre Schicksalsgenossen in der Arbeitsgruppe.

Die Vorteile, die Lasten der Prüfungsvorbereitungen zwar nicht abzuwälzen, wohl aber fair zu teilen und damit zu mildern, sind evident. Eigentlich ist es erstaunlich, dass es überhaupt Studierende gibt, die sich *nicht* in solchen Gruppen organisieren. Aber manche Kandidaten weichen dieser Art der Gruppenbildung instinktiv aus, weil sie befürchten, hier schon in eine Art Vorform der Prüfung verwickelt zu werden, die sie doch möglichst weit von sich schieben wollen. Häufig handelt es sich dabei um jene Studierenden, die sich auch während ihres Studiums lieber im verborgenen, nicht kontrollierbaren Raum bewegten, die die Zahl ihrer Referate auf ein Minimum drosselten, um sich nicht der Kritik der Kommilitonen und Professoren auszusetzen. Und in der Tat: Wenn Sie sich für eine Lerngruppe entscheiden, dann ist das Maß an Verbindlichkeit für Sie subjektiv gestiegen. Wenn Sie jetzt abspringen, müssen Sie dies nicht nur vor sich selbst, sondern auch den Kommilitonen gegenüber rechtfertigen. Und davor haben viele Angst.

Die Gründung einer Lerngruppe ist also ein realer Schritt der Willensbekundung: „Ich will die Prüfung wirklich," und sie vereint ihre Mitglieder für dasselbe Ziel. Aus diesem gemeinsamen Ziel erwächst mitunter eine tiefe menschliche Solidarität, die über die Prüfung hinausreichen kann. Man profitiert von den Stärken und Eigenheiten der Gruppenmitglieder und ist normalerweise auch tolerant im Akzeptieren mancher Schwächen, sofern diese nicht den Lernprozess strukturell behindern.

Erste und oberste Aufgabe der Lerngruppe ist die optimale Organisation der Lernarbeit, der Bewältigung des Prüfungsstoffes in der vorgegebenen Zeit. Jedes der Mitglieder kann seine Erfahrungen einfließen lassen, die jeweils anderen dürfen hiervon profitieren. Bei ähnlichem oder gar gleichem Lernstoff (Lehrbuchkanon) lassen sich relativ gerechte Formen der Arbeitsteilung herstellen: Jedes Gruppenmitglied kann sich schwerpunktartig auf einen bestimmten Teil vorbereiten und diesen der Gruppe vermitteln. Der eigentliche Effekt liegt jedoch im Lernen der Methode des Vortrags und Fragens, offenbart sich doch das wirklich Unverstandene zu allermeist in der fließenden Rede. Rede und Antwort stehen, auch das scheinbar Geringste erklären, im Fluss bleiben – das sind die Fähigkeiten, die Sie in der Gruppe lernen können. Nicht nur einmal, sondern über eine längere Periode hinweg regelmäßig und immer wiederkehrend.

Spitzfindige Studierende erkunden auch die Erfahrungen von Kommilitonen, die ihre Prüfung womöglich bei denselben Professoren schon früher abgelegt haben. Auf diese Weise erfahren sie nicht nur viel Inhaltliches, sondern, was ebenso aufschlussreich ist, manches über deren Gesprächs- und Fragetechniken, in die man sich wenn schon nicht einüben, so doch einfühlen kann.

Aber nicht jede Lerngruppe ist optimal. Wenn Sie das Beste für sich herausholen wollen, dann sorgen Sie für eine gute personelle Zusammensetzung. Ein Austausch, in dem Nehmen und Geben sich die Waage halten, lässt sich eher gewährleisten bei ähnlichem Leistungsniveau. Dies mag berechnend erscheinen, aber dieser gute Austausch ist notwendig. Wenn Sie wirklich viel geben in dieser Zeit (immerzu trotz Müdigkeit und Stress pünktlich kommen, ihre Arbeitsaufgaben erledigen usw.), diese Tugenden aber von anderen Gruppenmitgliedern dauernd missachtet werden, dann werden Sie mit Sicherheit gereizt und enttäuscht reagieren. Es gibt einige menschliche Verhaltensweisen, die eindeutig kontraproduktiv für gemeinsame Lernarbeit sind: Vielrederei, Kritikunfähigkeit, geistiges Schmarotzertum. Wenn Sie sich mit Kommilitonen zu einer Lerngruppe zusammenschließen, dann sollten Sie dies sinnvollerweise auch nach richtigen Kriterien tun.

Dass die Chemie stimmen muss, dass Sie zu den Menschen, mit denen Sie sich über Wochen oder Monate regelmäßig treffen, einen guten Draht haben müssen, versteht sich von selbst. Dies ist mehr als wichtig, denn neben all dem Arbeiten am Stoff, das Sie miteinander teilen wollen, soll Ihre Lerngruppe Sie in dieser Zeit emotional tragen, sie soll Sie in Ihren Stimmungsschwankungen auffangen können. Und immer dann, wenn Sie selbst am Unternehmen Prüfung zu zweifeln beginnen, soll die Lerngruppe stark genug sein, Sie an das gemeinsame Ziel zurückzukoppeln: „Wir kommen da durch! Prüfung lohnt sich."

Anmerkungen

(1) Natürlich gibt es Eltern, die rigoros das Geld abdrehen. Hier heißt es dann entschieden zu handeln oder nach anderen Geldquellen suchen. Hilfreich ist hierbei Dieter Herrmann und Angela Verse-Herrmann: So finanziere ich mein Hochschulstudium. Stipendien, Förderungsprogramme, Unterstützungsmöglichkeiten. Frankfurt/Main 1999.
(2) Oberhessische Presse, Marburg, vom 8. April 2002.
(3) Dieser Ausdruck wurde von dem Psychoanalytiker Erik H. Erikson geprägt. Er schreibt: „Die einzelnen Kulturen gestatten und die einzelnen jungen Menschen brauchen eine mehr oder weniger anerkannte Karenzzeit zwischen Kindheit und Erwachsenenleben, institutionalisierte *psychosoziale Moratorien,* während welcher ein nunmehr endgültiger Rahmen für die ‚innere Identität' vorgezeichnet wird." Erik H. Erikson: Identität und Lebenszyklus. Frankfurt/Main 1966, S. 137. An anderer Stelle spricht er ganz einfach von „geschenkter Zeit". Siehe Erik H. Erikson: Autobiographisches zur Identitätskrise. In: Zeitschrift Psyche, September 1973, S. 810.

Kapitel 5 Egozentrik des Prüflings

Die Institution Universität hält ihre Studenten – und in Deutschland womöglich mehr als anderswo – in einem Zustand des *psychosozialen Moratoriums*. Was bedeutet das konkret? Soziologen behaupten, dass das jahrelange Universitätsstudium zu einer gewissen *Infantilisierung* der Studenten führen könne. Die Studierenden „verbleiben zunächst in einer Position, die ihnen die Privilegien, aber auch die Belastungen des Erwachsenenalters vorenthält" (HOLM-HADULLA 2001: 159), das heißt, die Universität hält die Studenten aus dem wirklichen Leben heraus und fördert damit potentiell das Festhalten an kindlichen Denkstrukturen und Verhaltensmustern.

Ich möchte an dieser Stelle nur einen einzigen Punkt behandeln, der zum Komplex der Infantilisierung dazugehört, und zwar die *Egozentrik* des Prüflings[1]. Eines der markanten Merkmale des Kindes zwischen etwa drei und neun Jahren ist sein ausgeprägter *Egozentrismus*, eine Eigenschaft, die keineswegs mit Egoismus zu verwechseln ist, obgleich die beiden sich mitunter sehr nahe kommen. Egozentrismus umschreibt die Vorstellung des Kindes, selbst absoluter Mittelpunkt zu sein. Das Ich des Kindes, sein Ego, steht im Zentrum der Welt, und um dieses Zentrum kreist alles. Dank seiner magischen Phantasie deutet das Kind alle Dinge so um, dass sie einen Bezug auf es selbst haben: „Die Sonne scheint, weil ich es will. Die Wolken laufen mir nach, weil sie mich fangen wollen", so folgert das Kind. Der Schweizer Psychologe Jean Piaget hat dieses Phänomen bei Kindern gründlich erforscht. In dem egozentrischen Weltbild des Kindes gibt es keinen Bruch zwischen dem Ich und der Welt. Sobald ein Bruch droht, deutet und dichtet das Kind die Realität so um, dass sich diese seinen Bedürfnissen anpasst[2].

Was hat nun der Prüfling mit dem egozentrischen Kind gemein? Seine Weltwahrnehmung ist zwar nicht völlig auf das eigene Ego konzentriert, wohl aber auf die Prüfung. Die Prüfung wird zum Nabel der Welt, und der Student verhält sich so, als steckten alle Menschen um ihn herum ebenfalls im Examen. Als drehe sich alles um seine

Prüfungsthemen, um seinen Lernstoff und um seine Termine. Es ist schwer, diesen Gemüts- bzw. Wahrnehmungszustand genau zu beschreiben, vor allem weil die Betroffenen sich dessen meist nicht bewusst sind oder es nicht wahrhaben wollen. Aber im universitären Alltag gibt es viele Beispiele dafür, dass es tatsächlich so ist. Hier drei kleine Szenen egozentrischen Verhaltens während der Prüfungszeit:

– Samstagabend gegen acht Uhr, ich komme gerade aus der Dusche und bereite mich für das Kino vor. Das Telefon klingelt: „Frau Hyams, ich habe mein Thema gewechselt. Ich wollte nur fragen, ob Ihnen das so passt."
– Ich sitze in der Universitäts-Cafeteria, nun schon nicht mehr privat und an einem Wochentag, habe 15 Minuten Pause und esse. Ein Student setzt sich zu mir an den Tisch: „Schön, dass ich Sie treffe! Hätten sie noch Literatur für mein zweites Thema?" Leider esse ich gerade mein Brot und habe, für den Studenten unverständlich, sein zweites Thema nicht sofort parat.
– Ich stehe an der Essensschlange in der Mensa. Eine Studentin, die ich nicht gleich erkenne, tippt mir von hinten auf die Schulter: „Frau Hyams, darf ich eigentlich dasselbe Thema bearbeiten wie meine Freundin, die auch von Ihnen geprüft wird?" Dabei schien ihr selbstverständlich, dass ich neben den Prüfungsthemen meiner Studenten auch ihre Freunde kenne.

Viele Studierende sind davon überzeugt, dass ich unablässig (unter der Dusche und vor allem natürlich in der Mensa) an ihre Prüfung denke. Ob sich die Themen auch eignen, ob sie sich nicht reiben. Sie halten es für selbstverständlich, dass ich alle Termine im Kopf habe, so wie sie selbst. Wie kleine egozentrische Kinder vergessen sie, dass ich Samstagabend Ruhe haben will und ins Kino gehe, dass ich mittags Hunger habe – ganz zu schweigen davon, dass ich auch selber über manche Dinge nachdenke. Über meine Lehrveranstaltungen zum Beispiel, über Menschen oder über Geld. Und natürlich über meine Wissenschaft. Und über meine Kollegen. (Der Soziologe Meier ist das vierte Mal geschieden und sucht meinen Rat. Und Kollege Schulze mag mich nicht – was habe ich ihm nur getan?)

Ich will damit nur sagen, auch Professoren haben viele Dinge im Kopf. Mein Leben als Professorin und Mutter ist reich und voll, und nur zu gewissen Zeiten bin ich mit Prüfungsangelegenheiten ausgefüllt. Dann aber auch mit meiner ganzen Aufmerksamkeit und Energie. Manchmal hängen mir Prüfungsdinge auch nach. Bisweilen klingt die Freude über eine gut gelungene Prüfung noch tagelang, sogar wochenlang, in mir nach, in anderen Fällen bin ich traurig und auch ärgerlich mit mir selbst, weil ich das Gefühl habe, nicht gerecht gewesen zu sein.

Und manchmal lache ich tagelang über einen Prüfungswitz, über komische Wortneuschöpfungen, die im Eifer des Prüfungsgesprächs entstanden. Prüfungen, in denen man richtig lachen kann, sind leider sehr selten. Dass man in Prüfungen auch lachen kann, das scheinen die meisten vergessen zu haben. Prüfungen sind doch keine Beerdigungen!

All diese Dinge, Freude, Trauer und Lachen im Zusammenhang mit Prüfungen mache ich meist mit mir selbst aus. Nicht einmal meine Kinder, die sonst gern Neuigkeiten aus der Universität hören, interessieren sich für diese Prüfungen. Und seien wir ehrlich: Niemand in Ihrer Umgebung interessiert sich wirklich brennend für Ihre Prüfung. Es ist allein *Ihre* Prüfung, nicht die der anderen. Niemanden wirft Ihre Prüfung vom Hocker. Deshalb mein Rat: Kommen Sie zurück zum gesunden Maß. Ihre Freunde, Ihre Umgebung leiden schon genug unter Ihrem angespannten Zustand. Aber verlangen Sie nicht, weder direkt noch indirekt, von ihnen, dass sie alle mit in Ihre eigene Prüfungs-Egozentrik eintauchen. Und lassen Sie mich samstags in Ruhe duschen.

Anmerkungen

(1) Wie andere Forscher auch warne ich davor, den Begriff normativ-moralisierend zu nehmen, er ist nicht persönlich herabsetzend gemeint. Nehmen Sie also diese Ausführungen über *Egozentrik*, selbst wenn Sie glauben, sich in manchem wiederzufinden, mit Gelassenheit.
(2) Jean Piaget: Nachahmung, Spiel und Traum. In: Jean Piaget: Gesammelte Werke 5, Stuttgart 1975.

Teil II
Vorbereitungen für die Prüfung

Kapitel 6 Perspektiven der Prüfungsphase

Sie haben nun verstanden und akzeptiert, dass für Ihre Prüfung Sie allein die Verantwortung tragen. Nicht mehr Ihr Hochschullehrer, nicht Ihre Familie und nicht Ihre Freunde. Nun ist es an Ihnen, diese Verantwortung innerlich auszufüllen und zu planen.

Es gibt viele Planungsmodelle, aber ich werde Ihnen hier nur ein einziges vorstellen, das mir für die Prüfungssituation besonders überzeugend erscheint. Es kann Ihnen helfen, im Augenblick wirklich präsent zu sein, aber gleichzeitig das Bewusstsein für Ihre Ziele dauernd wach zu halten. Dieses Modell stammt von dem russischen Pädagogen Anton Semenovic Makarenko, der ganze Erziehergenerationen beeinflusste. Mir ist nicht bekannt, dass sein pädagogisches Modell der Perspektiven unmittelbar auf Prüfungen übertragen wurde, aber ich halte dies für legitim und produktiv.

In den zwanziger Jahren des letzten Jahrhunderts gründete Makarenko in der Ukraine Erziehungskolonien für verwahrloste Kinder und Jugendliche und leitete diese über Jahre hinweg erfolgreich. Erst als er wiederholt mit der stalinistischen Bürokratie in Konflikt geriet, wurde die Arbeit für ihn unerträglich und er widmete sich ganz dem Schreiben. Sein Buch „Der Weg ins Leben (MAKARENKO 1961) beschreibt nicht nur seine mühevolle Arbeit in den Kolonien, sondern enthält auch implizit seine Perspektiven-Theorie, an die ich hier anknüpfe. Um die Kinder und Jugendlichen, die im nach-zaristischen Russland monate- und teilweise jahrelang auf der Straße lebten und hoffnungslos verwahrlost und kriminalisiert waren, um diese jungen Menschen wieder neu im Leben zu verankern und für eine eigene Zukunft zu motivieren, entwarf Makarenko drei *Perspektiven,* die er bei jeder seiner pädagogischen Handlungen immer gleichzeitig beachtete:

Die *erste, nahe Perspektive* bezieht sich auf die unmittelbare Gegenwart, auf das Jetzt, auf die Freude am heutigen Tag. Ich stehe auf, ich bereite mich vor für diesen Tag, ich gestalte ihn bewusst und bin dankbar, wenn er gut abläuft. Ich bin präsent in meinem Tun, achtsam und aufmerksam. Makarenko sagt, dass die nahe Perspektive mit so profanen Dingen wie einem Stück Kuchen beginnen kann, sich aber ins Moralische ausweiten und bis hin zum höchst entwickelten Pflichtgefühl steigern könne.

Die *zweite, mittlere Perspektive* zielt auf ein mittelfristiges Ereignis. Bei Makarenko geht es um die Planungen des Kollektivs in der Kolonie, also der Gesamtheit der Kinder und Jugendlichen, wie beispielsweise die Planung eines Festes, eines Theaterstückes oder einer Ferienkolonie. In diesem Fall richtete sich die gesamte Energie auf das gute Gelingen dieses Ereignisses.

Die *dritte, weite Perspektive* schließlich öffnet den Blick für die Zukunft, individuell und vor allem kollektiv. Hier träumte Makarenko den ur-kommunistischen Traum von der Gleichheit aller Menschen, ohne Ausbeutung, in Respekt voreinander und ohne wirtschaftliche Not. Dieser Traum hat den charismatischen Pädagogen und seine Mitarbeiter zu wahren Höchstleistungen beflügelt. Keine der drei Perspektiven war der anderen hierarchisch übergeordnet, keine war denkbar und lebbar ohne die jeweils anderen.

Übertragen wir nun dieses Modell auf Ihre Prüfungs-Planung. Die *erste Perspektive* liegt in der Erfüllung Ihres täglichen Arbeitspensums, eines kleinen Mosaiksteines innerhalb Ihrer großen Planung. Heute bearbeiten Sie diesen Punkt, nur diesen. Heute bringen Sie diesen Abschnitt fertig, lassen alle Energie nur in diesen einen Arbeitsschritt einfließen. Sie brauchen dabei nicht bewusst an den Gesamtplan zu denken, sondern sich nur auf den Teil konzentrieren. Als Motto könnte Ihnen der Satz dienen: „Tue das, was Du tust, konzentriert und gut." Mir selbst helfen solche Sätze, so genannte Affirmationen, sehr, wenn ich in Gefahr bin, mich von meinem eigentlichen eng definierten Arbeitsauftrag zu lösen und wenn ich drohe, unter der Last verschiedenartiger Aufgaben irritiert oder erdrückt zu werden.

Die *zweite, mittlere Perspektive* ist der Tag der Prüfung selbst. All Ihre derzeitige Tages- und Wochenplanung leitet sich von diesem Termin ab. Dieser Termin trägt und leitet Sie jetzt, und Sie sollten ihn freudig und positiv besetzen. Achten Sie darauf, dass er der einzig wichtige Termin bleibt. Alle anderen Termine, Zahnarzt, Besuche und Reisen, sollten Sie konsequent aus Ihrer Planung streichen. Sie merken schon jetzt, wie eng diese beiden Perspektiven verzahnt sind.

Die *dritte und weite Perspektive* zielt auf die Phase nach der Prüfung. Viele Studierende besetzen die Prüfung selbst so sehr, dass sie darüber die Zeit *nach* der Prüfung ganz außer acht lassen. So als wäre der Tag der Prüfung nicht nur der Höhe-, sondern auch der Endpunkt eines beschwerlichen Weges. Sie sollten deshalb – und dies ist mit der dritten Perspektive gemeint – auch gleichzeitig und rechtzeitig an Ihrem persönlichen Lebensentwurf schmieden. Mit Lebensentwurf meine ich ausdrücklich nicht die Orientierung am nächstmöglichen Einstellungstermin für Referendare, wie es leider viele Studierende missverstehen. Lebensentwurf bedeutet zunächst einmal Innehalten, Rückschau halten, sich Rechenschaft ablegen über das, was bisher war. War mein Studium gut? Hat es mich wirklich berührt oder hat es nur meine Lebenszeit gefüllt? Hat es mich weitergebracht in meiner Entwicklung? Hat das Studium in meiner Identität als Mann oder als Frau in der Welt verändert? War es das, was ich wirklich wollte?

So viele Fragen, für die Sie Zeit brauchen und für die Sie sich die Zeit wirklich nehmen sollten. Erst dann können Sie nämlich weitergehen und in sich hineinhorchen in Bezug auf Ihre weitere Zukunft. Wollen Sie wirklich Lehrer, Kunsthistoriker oder Soziologe werden? Oder entsprang diese Berufswahl vielleicht einem Ausweichen vor anderen Anforderungen? Wollen Sie vielleicht lieber Forscher oder Musiker oder etwas ganz anderes werden? Sind Sie wirklich geeignet für den von Ihnen geplanten Beruf oder ahnen Sie vielleicht, dass er Ihnen eher Unglück als Glück bringen wird? Wie gehen Sie mit Ihren Wünschen nach Familie oder anderen Lebensformen um? Wie realisieren Sie Ihre Träume vom Leben? All diese Dimensionen gehören in die dritte Perspektive, und deshalb sollten Sie auch ausreichend Energie an einen tragfähigen Lebensentwurf binden[1].

An einem Beispiel will ich die Wichtigkeit dieser Perspektive deutlich machen. Eine Studentin kommt in meine Sprechstunde und verhandelt mit mir über einen Prüfungstermin, den sie „unbedingt" einhalten müsse. Wegen ihres Referendariats, das sie in zwei Monaten antreten wolle. Sie handelt mit mir, sie fordert so aggressiv, so feilschend, dass ich innerlich mit Widerstand reagiere: „Nein, so nicht," sage ich zu ihr, „wir sind doch nicht auf einem Fischmarkt!" Ich stelle mich quer. Ich weiß, dass wir unter zeitlichem Druck nicht gut zusammen arbeiten werden. Und ich sage zu ihr, halb spielerisch, halb ernst: „Machen Sie doch in Ruhe Ihre Prüfung und gehen Sie dann ein paar Monate nach Kalifornien, bis Ihre Schule beginnt."

Die Studentin wird blass: „Kalifornien? Wie kommen Sie auf Kalifornien? Seit zehn Jahren träume ich davon und Sie sprechen es aus. Woher wissen Sie das?" Ich erinnerte mich daran, wie ich als Kind weitgereiste Lehrer bewunderte. Es war spontan und aus dem Bauch heraus gesagt. Was ich aber ernst meine: Die Studentin hat acht Jahre studiert (acht Jahre!), mit kleinen krankheitsbedingten Unterbrechungen. Sie ist nicht durch Familienverpflichtungen gebunden, sie hat, wie sie später lachend im Gespräch herausplatzt, sogar einen fälligen Bausparvertrag zu Hause liegen, der nur darauf wartet, auf gute Weise genutzt zu werden. Und diese junge Frau hat für die Zeit nach dem Studium, das sie als beschwerlich und einschränkend empfunden hatte, keinen anderen Lebensentwurf, als ein Referendariat an der nächstbesten Schule zum nächstliegenden Termin zu ergattern.

Für viele von Ihnen zielt der Lebensentwurf auf den möglichst nahtlosen Übergang in eine dauerhafte Anstellung in einer Institution. Lehrerstudenten wollen am liebsten gleich dorthin zurück, woher sie kommen: zur Schule. Dreißig, fünfunddreißig Jahre Schule warten auf Sie. Und Sie wollen es sofort. Als könnten Sie es kaum erwarten.

Meine Studentin wurde blass. Alte Sehnsüchte brachen in ihr auf. Sie ging nach Kalifornien und danach an ihre Schule. Halten Sie also die drei Perspektiven im Auge: Keine ist denkbar ohne die andere. Es gibt keine Hierarchie der einen über die andere. Das tägliche Arbeiten, welches Sie erdet, der Tag des Examens, der Sie anspornt und Ihr Lebensentwurf, der immer ein Stück reale Utopie ist, sind ein großes Simultangeschehen. Sie sind eins.

Anmerkung

(1) Vielleicht mögen Ihnen diese Überlegungen in der heutigen Arbeitsmarktsituation merkwürdig oder befremdlich erscheinen. Aber angesichts der Dauer Ihres Berufslebens und angesichts der Tragweite ihrer jetzigen Entscheidung erscheint mir das Nachdenken darüber erlaubt und sogar notwendig. Der Arbeitsmarkt ist das eine – das andere sind Sie als Subjekt, als Gestalter Ihrer Zukunft.

Kapitel 7 Über Motivation

„Wenn du es nicht aus dir selbst heraus bekommst,
wo willst du es sonst holen?"

ZEN

Vielleicht sind Sie wirklich bereit, mir mit den drei Perspektiven zu folgen. Vielleicht sind Sie wie ich selbst fasziniert von dieser Idee Makarenkos, weil sie uns so stark mit dem Hier und Jetzt verknüpft und uns doch – ohne dass wir in Gefahr geraten, abzuheben – Flügel wachsen lässt. Wir leben tatsächlich, wenn wir uns auf dieses Denkmodell einlassen, ganz in der Gegenwart und gleichzeitig auch in der von uns projizierten Zukunft.

Und dennoch bleibt eine Frage offen. Die Frage: Wie halten wir unsere Motivation über einen längeren Zeitraum aufrecht? Wie sorgen wir dafür, dass sie uns nicht plötzlich verschütt geht? Tatsächlich ist dies wirklich ein Kernproblem der Prüfungsvorbereitungen. Studierende entscheiden sich willentlich für das Examen, sie melden sich an, nehmen sich mit Klarheit etwas vor – dann aber bricht irgendwie, irgendwann und aus irgendwelchen meist nicht benennbaren Gründen das innere Band ab: man wechselt, oder, was viel häufiger ist, man vergisst sein Ziel.

Meistens liegen die Hindernisse, die vom regelmäßigen Arbeiten abhalten, im Kleinen. Die Idee, wirklich *jetzt* zu lernen, den Vorgang nicht aufzuschieben und auf einen günstigeren Moment zu hoffen – „nach dem Essen oder wenn der Regen aufhört, oder wenn Gott will, oder die Migräne weg ist, oder die Hähne krähen, oder die Katze aus dem Haus ist oder ein Wunder geschieht", (HELLMANN 2001: 49) – diese Idee ist für viele Studierende das aller schwerste. Wenn ich Sie auffordern würde, eine Liste der Ablenkungsmanöver zu erstellen, bin ich sicher, Sie würden eine ungeahnte Einfallskraft entwickeln und würden kaum enden. Und ich vermute, dass Sie, wenn Sie sich diese Liste mit ein bisschen Distanz anschauen würden, lachen müssten. Sie werden erkennen, dass es durchaus nicht die real notwendigen Dinge sind, die Sie vom Lernen abhalten, sondern es sind vor allem die kleinen gedanklichen und sprachlichen Tricks, die der innere Schweinehund für Sie bereit hält. Der Verfasser eines ganzes Buches über eben diesen Schweinehund, Marco von Münchhausen, bringt seinen Lesern bei, dessen Sprache zu verstehen: „Ich kann nicht. Ich schaff das nicht. Das lohnt sich nicht. Das kann doch kein Mensch" bedeutet schlichtweg „Ich will das gar nicht." Oder: „Ich trau mich nicht." Und der klassische Satz „Ich habe keine Zeit" heißt in Wahrheit „Ich habe keine Lust." (VON MÜNCHHAUSEN 2002: 115).

Es ist augenfällig, wie stark wir als Menschen unsere Willenskraft, auf die wir gemeinhin so stolz sind, selbst aushöhlen, unterwandern, manchmal sogar regelrecht zerstören. Hier gibt es keinen billigen Rat, und ich halte auch nicht viel von den noch so originellen Tricks der Selbstbelohnung, wie sie in manchen Motivations-Büchern als Hilfe angeboten werden. Auch Selbstbelohnung ist ein Stück äußerlich, sie ist lediglich die Fortführung dessen, was zu früheren Zeiten andere Personen an uns vollbrachten: „Seid schön fleißig, dann freuen sich Eure Eltern/dann freue ich mich," suggerierte die Lehrerin in der Grundschule, und wir glaubten es.

Deshalb möchte ich hier an Ihr erwachsenes Ich appellieren. Wenn Sie einem anderem Menschen etwas versprechen, mit ihm einen Vertrag eingehen, dann werden Sie im Normalfall dieses Versprechen erfüllen. Vor allem werden Sie dies tun aus einem Gefühl der Verantwortung und Verpflichtung heraus, und nur höchst ungern, und meist um den Preis von Schuldgefühlen, brechen Sie bisweilen Ihr gegebenes Versprechen. Im Verhalten sich selbst gegenüber reagieren die meisten Menschen viel nachsichtiger, so als sei es harmlos, sich selbst zu enttäuschen. Das ist aber ein Trugschluss. Einen mit sich selbst eingegangenen Vertrag zu brechen, zeugt von wenig Selbstachtung, von wenig Ich-Stärke, von wenig Respekt gegenüber dem, was Ihr persönlicher Wille ist.

Willensschulung, Willenserziehung wird in unserer Zeit kaum mehr wahrgenommen. Unsere Gesellschaft fördert teilweise viel eher denjenigen, der ohne viel Eigenwille ist, der sich in Gruppen leicht dem Gruppenwillen beugt und sich einem Willen von oben oder von außen anpasst. Das kleine Kind gehorcht den Zeitplänen der Mutter: „Jetzt musst Du essen, jetzt musst Du schlafen!" Darauf folgt das Ordnungssystem der Erzieherin im Kindergarten: „Jetzt müsst Ihr Händewaschen. Jetzt müsst Ihr aufs Klo gehen!" Das größere Kind fügt sich ein in das Schulsystem: „Jetzt musst Du still sein! Jetzt musst Du schön schreiben!" Der Student schluckt die Ordnungsvorgaben der Professoren und Studienordnungen, später die Prüfungsordnungen[1]. Egal welches System der Erziehung und Ausbildung, immer setzt sich unterschwellig das Prinzip fort, den Eigenwillen des Heranwachsenden zu schwächen, selbst wenn dieses bewusst nicht intendiert ist.

Hier an dieser Stelle erinnere ich Sie an Ihren eigenen Willen. Sie sollten Ihrem eigenen Willen mehr gehorchen als dem Willen der anderen und deshalb Ihre innere Selbstverpflichtung zum Arbeiten ernst nehmen. *Sie* haben entschieden, die Prüfung zu absolvieren, nicht Ihre Hochschullehrer, nicht Ihre Eltern, nicht Ihre Freunde. Es war *Ihr* Wille. Und wenn Sie Ihrem Willen folgen, dann wird es auch *Ihr* Erfolg sein.

Nehmen Sie Ihren eigenen Willen nicht als etwas Starres, Äußerliches. Fragen Sie sich stattdessen immer wieder: Was ist das für ein Wesen, mein eigener Wille? Was will er mit mir? Sie können sich diesen eigenen Willen mit lebendigen, menschlichen Zügen ausstatten. Ist es ein starrer, autoritärer Wille, der mich knebeln will, der gnadenlos über mich verfügen will? Ist es ein weicher, freundlicher, flexibler Wille, der sich auch meinem Körper und meinen seelischen Stimmungen anpasst – ohne Gewalt? Hat mein Wille Kraft? Hat er einen langen Atem? Oder ist er vielleicht doch ein schwacher Wille, was ich erst jetzt in dieser Belastungssituation erstmals in dieser Ausprägung wahrnehme?

Es gibt also viele Varianten von Willen. Aber wie immer Ihr Wille geartet ist, er ist ein Teil von Ihnen. Ja, mehr noch: Sie selbst sind identisch mit ihm. Deshalb sollten Sie sich diesen bewusst machen und – wenn irgend möglich – zum Freund und Begleiter, auf den Sie sich verlassen können und mit dem Sie gemeinsam den langen Atem auf dem Prüfungsweg halten.

Anmerkung

(1) „Wenn ein Student zu den laufbahnrelevanten Ausbildungsprüfungen zugelassen wird, dann hat er die ‚erste Prüfung' schon bestanden: sein Verhalten innerhalb der Hochschule signalisiert bereits ein hohes Maß an Akzeptanz der Prüfungsbedingungen und der damit verknüpften Studienbedingungen, andernfalls er zwar wissenschaftliche Fortschritte gemacht hätte, aber die Relevanz des Prüfungsrituals für sich selbst nicht eingesehen hätte. Verhalten gemäß den Relevanzkriterien der Prüfung bedeutet weitgehend konfliktvermeidendes, absicherndes Verhalten." Michael Daxner: Prüfungsordnungen und Prüfungen als Instrument berufs- und gesellschaftsbezogener Einflussnahme auf die Hochschulen. In: Ulrich Teichler (Hrsg.): Hochschule und Beruf. Problemlage und Aufgaben der Forschung. Frankfurt/Main und New York 1979, S. 182.

Kapitel 8 Die Absprache der Themen

> „Will man aber nach der Maxime ‚safety first'
> das Examen bestehen, indem man möglichst wenige Risiken
> eingeht, so verstärkt das nicht gerade die geistige Kraft
> und gefährdet schließlich selbst die ohnehin
> problematische Sicherheit."
>
> *Theodor W. Adorno*

An den deutschen Universitäten gibt es im Bereich der Geisteswissenschaften zwei Arten von Prüfungen. Ich habe sie schon damals als Studentin beide am eigenen Leibe erlebt und weiß deshalb, wovon ich spreche: Erstens die Überblicksprüfung und zweitens die Prüfung mit Schwerpunktthemen, die entweder vorgegeben oder vom Studenten selbst gewählt werden.

In der Überblicksprüfung verlangt der Hochschullehrer ein weitgestreutes allgemeines Wissen, Lehrbuchwissen, innerhalb dessen er dann mehr oder weniger zufällig seine Fragen stellt. Häufig hat der Professor seinen Prüfling vorher nie oder nur ein einziges Mal in der Sprechstunde erlebt – wer wollte da von gegenseitigem Kennen sprechen? Und da kann es natürlich Überraschungen geben, auf die Sie gut vorbereitet sein sollten. Diese Prüfungen sind, abgesehen davon, dass Sie sich in diesem Fall wirklich das gesamte Grundlagenwissen systematisch erarbeiten müssen, immer auch ein bisschen Glückssache. Niemand ist überall gleichermaßen stark, und niemand weiß so richtig, worauf genau der Professor mit seinen Fragen hinaus will.

Ich kenne Studierende, die sich in monatelanger Paukarbeit eigene (oder auch ausgeliehene) Mitschriften und sonstige Skripten ihrer Professoren eintrichterten, Lektion für Lektion, und ich habe miterlebt, wie Hochschullehrer das wiedergekäute und in der Prüfung nur ausgespuckte Wissen mit exzellenten Noten bedachten. Je gedankengetreuer, je wortgetreuer, desto besser. Dass es diese Art der Prüfungen immer noch auch in den Geisteswissenschaften der deutschen Hochschulen gibt, ist mehr als ärgerlich. Aber es ist Realität[1].

Daneben gibt es die andere Variante, die Prüfung mit Schwerpunktthemen. Innerhalb des breiten Wissenskanons eines Faches kommt es hier im Vorfeld der Prüfung schon zu einer möglichst präzisen Absprache zwischen Professor und Student. Meist dürfen Sie als Student Ihren Schwerpunkt frei wählen oder zumindest vorschlagen. Das bedeutet viel Freiheit, derer Sie sich bewusst sein sollten und die Sie auch nutzen sollten. Studierende klagen viel über Pflichten, über Einschränkungen und über angeblich autoritäre Vorgaben „von oben", aber selten erlebe ich, dass sie ihre Freiräume auch bereitwillig und freudig in Anspruch nehmen.

Hier wird Ihnen also die Freiheit gegeben, wirklich aktiv auf das Prüfungsgeschehen Einfluss zu nehmen. Hier können Sie zeigen, was in Ihnen steckt, nicht nur intellektuell, sondern auch in Ihrer Persönlichkeit. Sie können sich jenseits der breitgetretenen intellektuellen Pfade bewegen oder Sie können geistig wiederkäuen, auf Nummer sicher gehen. Wenn Sie beispielsweise – um aus meinem Fach, der Pädagogik, zu sprechen – Ihr Thema frei wählen dürfen, dann können Sie sich natürlich für ein neutrales und ungefährliches Thema entscheiden. Sagen wir, Sie spezialisieren sich auf „Die Rechtsbestimmungen im Realschulwesen nach 1945" oder „Schreibschwierigkeiten bei Grundschülern" oder: „Der Stundenplan des Gymnasiums." Bei solchen Themen werden Sie wohl kaum stolpern, Sie können eigentlich nichts falsch machen. Sie können auch Ihre Kommilitonen nach erprobten Themen befragen und die sorgfältig ausgearbeiteten Prüfungs-Mappen, die zwischen Kiel und Konstanz kursieren, für jedes beliebige Thema benutzen. Das liegt in Ihrer Freiheit.

Sie können aber auch als Thema „Sokrates' Verteidigungsrede" vorbereiten oder „Jonathan Swifts Bedeutung für lesende Kinder". Gehen Sie intellektuell vom Wege ab und bewegen Sie sich mutig weg aus dem unmittelbaren Bannkreis der Schule. Pädagogik ist mehr als Schule, unendlich viel mehr. Und letztere begleitet Sie sowieso die nächsten 35 Jahre, sofern Sie nicht frühpensioniert werden. Universität ist eine Stätte des Geistes. Und der Geist weht, wohin er will. Sie ist nicht nur die Heimat der Schuldidaktik und Schulmethodik. Lassen Sie deshalb Ihrem Geist Flügel wachsen – riskieren Sie etwas.

Egal nach welchem Modell Sie geprüft werden (Überblicks- oder Schwerpunktprüfung), grundsätzlich ist eine langfristige Vorbereitung, also ein wirklich rechtzeitiger Beginn der Lernarbeit notwendig. Auf keinen Fall sollten Sie den Wissensstoff kurz vor dem Prüfungstermin in sich hineinstopfen. Ich vergleiche diese Art des Gelernten gern mit unreifem Kompost. Lernen, Aneignung von Wissen, braucht Zeit zum Reifen, zum Liegenlassen. Es will einfach Ruhe, wie guter Kompost.

In diesem Zusammenhang ist ein Lern- bzw. Arbeitsprinzip der von Rudolf Steiner begründeten Waldorfschulen vorbildlich: der so genannte „Epochenunterricht". Für die Schüler der Waldorfschule bedeutet Epochenunterricht, dass sie etwa vier Wochen lang intensiv und regelmäßig an einer Thematik arbeiten. Dies zu immer der gleichen Zeit, gleich am Morgen in den ersten beiden, noch wachen Unterrichtsstunden. Es gibt keine Zersplitterung der Fächer, vier Wochen lang vertiefen sich die Kinder ganz in eines der Hauptfächer, wie beispielsweise Deutsch oder Mathematik oder Geschichte. Nach diesem Monat aber ruht die Epoche. Alles Gelernte darf versinken, ja regelrecht versickern. Kinder, die zum Beispiel Geometrie nicht mögen, dürfen sie nun zeitweise ganz vergessen. Sie dürfen sich nun frei und unbelastet einer neuen Epoche zuwenden. Dann aber, vier oder fünf Monate später, wird dasselbe Fach wieder aufgegriffen (es gibt also zwei oder drei Epochen eines Hauptfaches pro Jahr), und das Verblüffende ist nun, dass der Lehrer jetzt im selben Fach auf einem neuen, qualitativ reiferen Niveau ansetzen kann.

Für Sie als Student ist es sinnvoll, Ihre Prüfung nach genau diesem Prinzip anzulegen. Arbeiten Sie langfristig und zyklisch in Epochen von etwa vier Wochen pro Prüfung, und gewähren Sie sich genügend Zeit, um das Gelernte danach ruhen zu lassen. Sie werden erfahren, dass in dieser Reifungszeit neue Dimensionen, neue Einfälle, neue Assoziationen sich einstellen werden, für die sie während der intensiven Lernphase selbst gar nicht offen waren. Sie entdecken plötzlich Bücher, die es bisher für Sie nicht gab. Ihnen begegnen Menschen, die Ihnen neue Informationen zuspielen. Sie sehen Fernsehsendungen, die Sie vorher nie wahrgenommen hätten und/oder Sie lassen sich sogar Zeit für Reisen in Ihr Prüfungsgebiet. Sie fahren wegen Goethe nach Weimar, Sie reisen nach Frankfurt in das Struwwelpeter-Museum oder nach Husum, um die Landschaft Theodor Storms leibhaftig zu erleben.

Wenn die Prüfung dann naht, zwei oder drei Wochen vorher, greifen Sie das zuvor Erlernte erneut auf und bearbeiten es nun auf einem neuen, gereiften Niveau. Sie geben ihm den letzten Schliff. Sie fühlen sich zu Hause in Ihrem Stoff, sind mit ihm tief verankert.

Anmerkung

(1) Viele Studenten „wissen aus Erfahrung, dass es nicht nötig ist, für eine Prüfung so genau zu sein. Die Professoren haben es heutzutage fast allenthalben aufgegeben, nach allzu vielen Einzelheiten zu fragen. Sie sind schon zufrieden, wenn ihre Prüflinge etwas von der Sache wissen, wenn wenigstens *angenommen* werden kann, dass sie den Lehrstoff berochen hätten. Darauf vertrauend, lassen manche Studenten den Herrgott einen guten Mann sein und fangen erst drei Wochen vor der Prüfung zu lernen an. Dazu benützen sie natürlich kein Lehrbuch, denn das hat, für so wenige Tage, entschieden zu viele Seiten. Sie lernen aus dem Skriptum eines Pauk-Kurses oder, weil solche Skripten teuer sind, aus Notizen, die sie aus den Skripten anderer Studenten abgeschrieben haben; weshalb es zweckmäßig wäre, den Begriff ‚Lehrbuch' in diesem Zusammenhang neu zu definieren: ein Lehrbuch ist ein Buch, das der Professor schreibt, damit professionelle Pauker daraus ein Skriptum verfertigen, aus welchem sich Studenten Notizen machen, von denen sie dann einige wenige lernen." Sebastian Leitner: So lernt man lernen. Der Weg zum Erfolg. Freiburg im Breisgau 2002, S.227.

Kapitel 9
Die Inszenierung der Prüfungsthemen

Bleiben wir hier noch einmal stehen bei der Auswahl der Prüfungsthemen. Ich habe betont und möchte es immer wieder in Erinnerung rufen, welches Privileg für Sie darin liegt, an der Auswahl der Themen beteiligt zu sein. Im vorherigen Kapitel wollte ich Ihnen Mut machen, bei der Wahl nicht nur auf ausgetretenen Pfaden zu wandern, sondern das Risiko und die Mühe einzugehen, geistig Neuland zu gewinnen. In diesem Kapitel nun will ich Sie in die Feinheiten und Tricks einweihen, wie man sinnvollerweise die verschiedenen Themen einander zuordnet, sofern es die Prüfungsordnung und die Prüfungskommission Ihres Faches zulassen.

Nehmen wir an, Sie wählen für die Prüfung vier Themen aus. Die Darstellung dieser vier Themen sollten Sie als eine Inszenierung betrachten. Sie entspricht der Inszenierung eines Vortrags oder eines Theaterstücks mit Spannung und Höhepunkt. Das Wichtige ist dabei, dass die einzelnen Themen ein gelungenes Ensemble bilden und dass Sie dieses Ensemble sorgfältig planen.

Die Prüfung ist eine Inszenierung und – erlauben Sie mir den Vergleich – sie ist wie ein gutes Menü. So wie man eine Mahlzeit in einer wohldurchdachten und bewährten Reihenfolge komponiert, so sollten Sie auch deren Gesetze bei Ihrer Prüfung anwenden. Wenn Sie zu einem feinen Essen eingeladen sind, möchten Sie da viermal dünne Suppe speisen? Oder dreimal Rehrücken kauen? Nein. Wie eine gute Mahlzeit sollten die einzelnen Teile, in diesem Falle die einzelnen Themen, in einem wohlausgewogenen Verhältnis zueinander stehen. Und ein gutes Menü hat mindestens vier Gänge, mit vier essentiell verschiedenen Anteilen.

Erstens, gleichsam als Suppe zum Aufwärmen, steht ein Thema als Ouvertüre der Prüfung. Damit schaffen Sie die Stimmung und Atmosphäre. Kürzlich war ich an einer Prüfung beteiligt, in der die Kandidatin so konsequent-ruhig und bedacht sprach und argumentierte, dass niemand wagte, bei aufkommender Dunkelheit an den Schalter zu gehen und das Licht einzuschalten. Am Ende der Prüfung war es fast dunkel, aber die Kommission entschied sich, es so zu lassen, um diese außerordentlich konzentrierte Stimmung nicht zu stören. Und es war die Studentin selbst gewesen, die diese Atmosphäre hergestellt hatte. Wenn Sie nun beispielsweise als erstes ein aggressives Thema wählen, wie etwa „Militärerziehung in der ehemaligen DDR", so schaffen Sie von Anfang an eine stramm-dynamische Stimmung. Wenn Sie das Thema „Anorexie" an die erste Stelle setzen, so werden Sie damit garantiert eine unterschwellig-provozierende Atmosphäre im Prüfungszimmer bewirken. Nehmen Sie hingegen, um auch hier ein Beispiel auszudenken, „Pestalozzis Theorie der Wohnstube", dann können Sie sicher sein, dass sich eine eher freundlich-behagliche (vielleicht aber auch langweilige) Stimmung einstellt. Es ist also an Ihnen, in Ihrem Sinne klug zu wählen.

Zweitens, sozusagen die Vorspeise: Sie bewegen sich nach der Behandlung des ersten Themas nun schon wesentlich sicherer. Sie haben einen Eindruck über den Prüfungsstil des Hochschullehrers und der Prüfungskommission gewonnen. Jetzt ist es sinnvoll, ein solides, theorie-bezogenes Thema vorzutragen, mit dem Sie diese Sicherheit weiter aufbauen.

Drittens, das Hauptgericht. Mit dem dritten Thema gelangen Sie zum Höhepunkt Ihrer Prüfung. Sie haben nun in jeder Beziehung Sicherheit gewonnen und können sich an Ihr mutigstes und intellektuell anspruchvollstes Thema machen. Hier sollten Sie zeigen, dass Sie nicht nur solide arbeiten können (wie beim zweiten), sondern hier dürfen und sollen Sie auch ein bisschen den Glanz der Wissenschaft in die kargen Räume des Prüfungsamtes bringen. Hier dürfen Sie über die oben erwähnte „Verteidigungsrede des Sokrates", über Comenius oder über Goethe sprechen und Sie sollten auch politisch brisante Themenstellungen nicht scheuen.

Viertens, das Dessert. Genau wie man ein gutes Mahl nie abrupt, sondern immer behutsam ausklingen lässt, sollte man es auch bei einer gelungenen Prüfung tun. Im letzten Thema kommen nun alle am Prüfungsgeschehen Beteiligten zur Ruhe, sie schauen schon auf die Uhren, damit die Zeit nicht überschritten wird, die Aufmerksamkeit lässt merklich nach. An dieser Stelle sollten Sie noch einmal nachdrücklich Ihre Fähigkeit zur Sachlichkeit, zum ruhigen wissenschaftlichen Diskurs beweisen, auch wenn Sie im vorigen Thema Außenseiterpositionen oder sonstige gewagte Hypothesen vorgetragen haben. Konkret gesprochen: Nehmen Sie jetzt auf keinen Fall noch ein problem-beladenes oder politisch-brisantes Thema hinzu – auch wenn Ihnen dies noch so sehr am Herzen liegt. Wählen Sie ein Thema, das garantiert alle zur Ruhe kommen lässt, ohne sie geradezu einzuschläfern. Das Beispiel „Stille in der Schule", aus mir unerklärten Gründen derzeit das Lieblingsthema der heutigen Studentengeneration im Fach Pädagogik, wäre ein geradezu ideales Abschlussthema.

Neben meiner *Menü-Theorie* gibt es noch eine andere wichtige Regel, die Sie bei Ihrer Prüfung beachten sollten. Jedes Ihrer Themen bringt inhaltlich eine bestimmte Signalwirkung, deren Sie sich bei der Platzierung bewusst sein sollten. Und wenn Sie auf Ihren wissenschaftlich exponierten Themen beharren, wenn sie also hier Ihren Willen durchsetzen wollen, dann sollten Sie sie jedenfalls nicht an die erste Stelle stellen. Bei der ersten Begegnung mit einem Prüfungsthema erlebt man manchmal Ähnliches wie bei dem Kontakt mit Menschen. Bei beiden gibt es den so genannten Erst-Effekt. Sozialpsychologen haben überzeugend nachgewiesen, dass der erste Eindruck meist besonders intensiv und ausschlaggebend für alles weitere Geschehen ist. Ein erster Eindruck haftet fest und ist nur schwer austilgbar.

Allerdings gibt es auch den so genannten „Letzteindruck". Da trägt der Prüfling sagen wir drei mittelmäßig langweilige Themen vor und lässt sich dann an vierter Stelle zu einem atemberaubenden Disput hinreißen, dann, so sagen die Sozialpsychologen, könnte dieser letzte Eindruck wirklich alles Vorherige verblassen und sogar vergessen lassen.

Beide Prinzipien, die „Menü-Theorie" und die Wirkungsweise der Platzierung nach Erst- und Letzteffekt sollten Sie bei ihrer Planung beachten und sich zunutze machen. Ob Sie diese Anregungen nun umsetzen oder nicht, zumindest sollten Ihnen diese Wirkungsweisen bewusst werden, so wie Sie überhaupt beim gesamten Prüfungsgeschehen so wenig wie möglich im Dunkeln, das heißt im nicht bewussten Bereich belassen sollten. Die häufigste Klage nach misslungenen Prüfungen ist: „Das habe ich nicht gewusst." Es liegt viel an Ihnen, sich dieses Wissen zu eigen zu machen.

Kapitel 10
Sich mit fremden Skripten schmücken

In den letzten Jahren erlebe ich immer häufiger, dass sich Studierende ihr Prüfungswissen aus vorfabrizierten Skripten von Kommilitonen oder auch kommerziellen Anbietern aneignen. Dies ärgert mich oft und lässt mich nicht nur um die mir anvertrauten Studierenden (und zukünftigen Akademiker) sorgen, sondern auch am Sinn meiner eigenen Arbeit zweifeln.

Der Zorn hat folgenden Grund: Das Privileg, an der Universität zu studieren, war in der Vergangenheit niemals selbstverständlich. Noch vor hundert Jahren war es fast unmöglich für Frauen, ein Studium zu absolvieren. Und noch in den sechziger Jahren des letzten Jahrhunderts stellten wir, damals selbst junge Studenten, erbittert fest, wie viele Gruppen unserer Bevölkerung durch wirtschaftliche Gründe und soziale Vorurteile nicht nur von den Gymnasien, sondern auch von der Universität ferngehalten wurden. Arbeiterkinder, Kinder aus ländlichen Gegenden und auch Mädchen hatten damals prinzipiell größere Schwierigkeiten, an die Universität zu gelangen. Inzwischen sind die sozialen und wirtschaftlichen Hürden niedriger. Aber nur wenige tragen in sich das Bewusstsein, welches Glück sie damit haben. Lernen, forschen, sich geistig in Grenzbereichen bewegen zu dürfen – das ist für all diejenigen, denen es verwehrt ist zu studieren, immer noch ein Privileg und faszinierendes Ziel..

Wenn nun Studierende unter der universitären Alltagsroutine dieses Glück gänzlich aus den Augen verlieren, und wenn sie es vielleicht aber auch nie als solches empfunden haben, sondern die Universität nur als eine Institution benutzen, durch die man möglichst rasch und reibungslos „durch" muss, dann schlägt sich das auch im Prüfungsverhalten spürbar nieder. Dann greifen die Studierenden nach irgendwelchen Manuskripten, mit denen andere schon vorher an anderen Orten ihre Prüfungen bestanden haben und reproduzieren diesen Stoff, der im Grunde jeden beliebigen Inhalt haben kann. Von dem, was Bildung eigentlich ist, vom dem, was Adorno definiert als Aufgeschlossenheit, als „die Fähigkeit, überhaupt etwas Geistiges an sich herankommen zu lassen und es produktiv ins eigene Bewusstsein aufzunehmen" (ADORNO 1977: 485), bleibt wenig übrig bei einem bloß lernenden Auseinandersetzen, geschweige denn Auswendiglernen von vorfabrizierten Inhalten.

Ich empfinde es deshalb als entwürdigend, wenn Kandidaten mithilfe fremder Skripten versuchen, ihre Prüfung durchzuziehen. Ich glaube ziemlich genau zu spüren, wenn ich Wiedergekautes serviert bekomme. Der Reifungsprozess in der Aneignung des Stoffes und die innere Verankerung der Themen, wie ich es an anderer Stelle beschrieben habe, fehlt hier eindeutig. Irgend etwas im Vortrag verrät regelmäßig, dass es sich um ein Plagiat handelt. In den Prüfungen selbst frage ich deshalb meine Studenten häufig schon im Vorfeld nach den Gründen ihrer Themenwahl. Viele passen einfach, haben schlichtweg keine Verknüpfungspunkte. Manche Antworten hingegen fallen extrem persönlich aus. Beim Thema „Legasthenie" beispielsweise erfahre ich, dass der eigene Großvater ein „unentdeckter Legastheniker" war, und beim Thema „Linkshändigkeit" vertraut uns die Kandidatin an, dass ihr Freund Linkshänder sei und sie einfach interessiert sei, die damit assoziierten Charaktermerkmale wissenschaftlich zu untersuchen. Das ist immerhin ehrlich. Aber was soll einer sagen, der das Manuskript seiner Freundin, die damit in Berlin so glänzend reüssierte, nun in Tübingen aufwartet? Welche Erklärung soll er sich ausdenken?

Ich bin – dies bekenne ich hier offen – allergisch gegen diese Art des geistigen Betrugs. Alle Professoren sind dagegen. Und zu recht. Wenn manche Prüfungskandidaten – zum Glück sind sie in der Minderheit – lieber mit ausgeliehenen Manuskripten lernen als sich selbst Gedanken zu machen und mit ihren Hochschullehrern in den wissenschaftlichen Diskurs einzutreten, dann kündigen sie damit das Prinzip des akademischen Lernens und Lehrens, das auf Dialog beruht, auf. Dann sollten sie lieber Fernkurse belegen. Wogegen nichts einzuwenden wäre. So aber schaden sie nicht nur uns Professoren, sondern vor allem sich selbst.

Kapitel 11
Sich mit dem Prüfungsthema verbinden

> „Denn nichts ist für den Menschen als Menschen etwas wert,
> was er nicht mit Leidenschaft tut."
>
> *Max Weber*

Sprechen wir noch ein letztes Mal über die Auswahl der Prüfungsthemen. Die richtigen Themen zu wählen bedeutet die Weichen richtig zu stellen, daher die Wichtigkeit dieses Aspekts. Im idealen Fall entscheiden Sie sich als Studierende für ein Prüfungsgebiet, weil es Ihren Neigungen und Ihrem Erkenntnisinteresse entgegenkommt. Oft bahnt sich das Thema schon Monate oder sogar Jahre vorher an. Sie sind mit ihm innerlich vertraut, und das ist gut so. Die Verbundenheit mit dem, was wir lernen und erforschen, die Sympathie, die wir dem Gegenstand des Lernens entgegenbringen, bilden das tragende Fundament des Lernprozesses. Denken Sie nur an die Sympathiekräfte, die etwa Goethe für seine naturkundliche Sammlung hegte oder ein Gärtner für seine Pflanzen oder ein Antiquar für seine Bücher. Diese Zuneigung verbindet den Menschen mit dem, was er formt, was er schafft – und mit dem, was er lernt.

Ein Problem, das hauptsächlich Pädagogen, Psychologen oder Soziologen betrifft, ist allerdings jene Form der Sympathie, die in ihrer Wirkung ins Gegenteil umschlagen kann und für die Prüfung nicht förderlich ist. Dies ist immer dann der Fall, wenn Studierende sich mit ihrem Thema überidentifizieren und damit die notwendige Distanz verlieren. Viele Examenskandidaten erhoffen sich, durch intensive Auseinandersetzung mit bestimmten Wissensstoffen persönliche lebensgeschichtliche Probleme lösen zu können, die in Wirklichkeit ganz woanders hingehören, in die Partnerschaft, in die Familie und manchmal in die Therapie. Natürlich lässt sich prinzipiell jedes Thema aus dem breiten Wissensstoff der Sozial- und Geisteswissenschaften bearbeiten, aber Themen, die eigene biographische Wundpunkte oder gar Traumata berühren (beispielsweise sexueller Missbrauch, generell Gewaltprobleme, Essstörungen oder Ängste) sollten für Sie als Prüfungsthemen eher tabu sein.

Die Prüfung ist keine Therapie und kein Therapieersatz. Studierende sind oft aber geradezu süchtig, in der Prüfung ihre eigenen lebensgeschichtlich relevanten Probleme zu bearbeiten. Ich spüre den immensen Druck mancher Kandidaten, wenn sie Themen wählen wie etwa „Angst bei Kindern" oder „Theorien der Prüfungsangst", und es ist unschwer zu erkennen, dass es sich um die eigenen Ängste handelt. Von solchen Themen rate ich ab, auch wenn die Studierenden beharrlich ihr Thema verteidigen. Für Sie gilt es in der Prüfungszeit eine Gratwanderung zu bestehen: Sie sollten sich mit dem Thema persönlich verbinden, aber niemals im Sinne einer emotionalen Verwicklung und Überidentifikation.

Kapitel 12 Der Schreibtisch

> „Ich sitze am Schreibtisch und bin ganz da.
> Mein ganzes Wesen ist da, wie eingefasst und
> zusammengehalten von dem Rand der rechteckigen Platte,
> die auf mich wie ein Kraftfeld wirkt und
> immer wieder ihre Anziehungskraft ausübt,
> dass ich mich wie zur Andacht vor sie niedersetze."
>
> *Johannes R. Becher*

Nach so viel Nachdenken über Inhalte kommen wir nun zurück in die Realität. Wir kommen zum Ort, wo Sie für Ihre Prüfung lernen, zum Schreibtisch. Der Schreibtisch ist nicht irgendein normaler Tisch. Er ist ein Universum. Alle Energie und Aktivitäten, die Sie während des Studiums nach außen gerichtet haben, auf die Vorlesungen und Seminare, Praktika, Exkursionen und so weiter, sollen sich nun nach innen wenden, sie sollen umgewandelt werden in die Konzentration am Schreibtisch. Hier ist Ihr Zentrum.

Wenn Sie dies gedanklich so akzeptieren, dann liegt es nun an Ihnen, Ihren Schreibtisch so zu gestalten, dass Sie ihn auch wirklich als Zentrum empfinden können. Sie sollten genau überlegen, wie der Tisch beschaffen sein soll, um maximales Wohlgefühl und Inspiration zu verschaffen. Jeder braucht für sich etwas anderes. Ich selbst liebe meinen großen Tisch, auf dem ich alles greifbar habe, was ich beim Arbeiten brauche. Immer stehen ein paar Kerzen auf meinem Schreibtisch, um mich zur Ruhe zu mahnen. Der Stuhl an meinem Schreibtisch ist der beste im ganzen Haus. Stundenlang sitze ich hier ohne Rückenschmerzen. Auf meinem Schreibtisch habe ich bewusst keinen Computer gestellt, er soll aus meinem Gedankenreich draußen bleiben, deshalb steht er im Nebenzimmer. Sie als Studierende werden es mit dem Computer wahrscheinlich anders handhaben, zum einen, weil Sie teilweise mit ihm aufgewachsen sind, aber auch aus Raumgründen.

Viele Prüfungskandidaten bevorzugen allerdings andere Räume für ihre Vorbereitungen. Sie benutzen die Universitäts-Bibliothek oder die Bibliothek ihres Instituts und richten sich dort einen festen Arbeitsplatz ein. Dies hat einige überzeugende Vorteile gegenüber dem häuslichen Lernen:

Erstens: Die Bibliothek ist mit Sicherheit ein ruhiger Lernort, mit keinen, bzw. nur minimalen Ablenkungsmöglichkeiten. Wo immer ich in meinem Heimatort oder auch in fremden Städten die Lese- und Arbeitssäle großer Bibliotheken betrat, war ich angetan von der wohltuenden Ruhe dieser Räume. Hier schweigen die Menschen wie von selbst und tauchen ein in die geistige Welt.

Zweitens: Inspirierend ist für viele die Gegenwart anderer Kommilitonen in ähnlicher Lage. Unter dem Alleinsein, dem Abgetrenntsein von den anderen während der Prüfungszeit leiden die allermeisten Kandidaten. Hier, in der Gegenwart vieler anderer geistig Arbeitender ist man trotz des Schweigens doch niemals einsam. Man nimmt den Nachbarn wahr, man kann, wenn man will, auch nicht-sprachlich mit ihm kommunizieren und sich eventuell in den Pausen mit den Leidensgenossen austauschen.

Drittens: Der Weg zur Bibliothek betont die strikte Trennung von Prüfungsbereich und Privatleben. Für viele Studierende ist dies notwendig, weil sie sich, wenn sie einen hochgetürmten Arbeitstisch im eigenen Zimmer stehen haben, fortwährend davon überwältigt oder bedroht fühlen und sich mit Schuldgefühlen quälen müssen. Sie können nie wirklich abschalten, fühlen sich in Dauerstress. Beim Arbeiten in der Bibliothek können sie ihr selbst gesetztes stundenmäßiges Pensum erfüllen, um danach dann relativ entspannt in ein Zuhause zurückzukehren, wo kaum etwas an die Prüfung erinnert.

Auch der Arbeitsplatz in der Bibliothek lässt sich individuell gestalten. Wenn Sie Glück haben, finden Sie einen freien Platz am Fenster oder in einer geschützten Nische des Saales. Sie können Ihre Grund-Utensilien und oft sogar Ihre Bücherstapel über Nacht liegen lassen. Der Arbeitsplatz in der Bibliothek ist eine gute Alternative zum häuslichen Schreibtisch.

Ich kenne Studenten, die sich auch ganz anders für Ihre Prüfung vorbereiten. Ein Freund von mir schrieb seine Diplomarbeit auf einem breiten Fensterbrett zwischen den Gitterbettchen seiner Zwillinge (die Familie lebte damals in zwei Zimmern). Johann Sebastian Bach schrieb seine Kompositionen inmitten von zwanzig Kindern. Andere lernen am besten draußen auf der Wiese oder im eigenen Bett. Wo immer Sie Ihr Arbeitsuniversum einrichten, wie auch immer es beschaffen sein mag, richten Sie es bewusst so ein, dass es Ihrer Persönlichkeit optimal entspricht und Sie in eine gute Arbeitsstimmung versetzt. Hegen und pflegen Sie diesen Ort, schließlich soll hier noch viel entstehen.

Kapitel 13 Konsequente Arbeitsplanung

Sie haben Ihre Schreibecke eingerichtet, Sie haben Ihre gute Motivation und Sie haben die Übersicht über Ihren Prüfungsstoff. Nun geht es darum, diese drei Elemente im Arbeitsprozess gut miteinander zu verbinden. Die Organisation des Lernens liegt ganz in Ihrer Hand. Wenn Sie nicht gerade in familiären und beruflichen Verpflichtungen stecken, dann gehört Ihre Zeit ganz Ihnen[1]. Gehen Sie mit sich selbst nun einen Arbeitsvertrag ein, den Vertrag, die Prüfungsvorbereitungen jetzt optimal durchzuführen, als sei dies die wichtigste Aufgabe in Ihrem Leben. Aber tun Sie es nicht mit der Peitsche, sondern weich und locker unter Anwendung bewährter Hilfsmittel.

Das wichtigste Hilfsmittel überhaupt ist der Arbeitsrhythmus. Nichts ist wohltuender in turbulenten Zeiten als ein guter Rhythmus, der Ihnen innerlich und äußerlich Struktur gibt. Arbeiten Sie also rhythmisch und zu festgefügten Zeiten. Beispielsweise vormittags von 9 bis 12 Uhr und nachmittags von 14-18 Uhr, wenn Sie ein Morgenmensch sind; oder aber in abendlichen Zeitblöcken (z.B. 17-20 Uhr und 22 Uhr-1 Uhr) wenn Sie ein Nachtmensch sind. Mit diesen einmal festgelegten Zeiten brauchen Sie nicht vor jedem Gang an den Schreibtisch mit sich selbst zu diskutieren, ob Sie wirklich motiviert sind oder nicht. Sie arbeiten einfach. Wenn sie essen und abends schlafen gehen, diskutieren Sie ja auch nicht, ob Ihnen wirklich danach ist – Sie tun es einfach in rhythmischer Wiederkehr.

Viele Schriftsteller hielten, bzw. halten fest an diesem Prinzip, täglich eisern ein paar Stunden am Schreibtisch zu sitzen, unabhängig davon, ob sie nun in der richtigen Stimmung sind oder nicht. Sie setzen sich hin und schreiben. Sie stehen erst wieder auf, wenn ihre Zeit um ist und wenn sie mit ihrem Pensum, ein, zwei oder mehrere Seiten pro Tag, fertig sind. Tag für Tag, Woche für Woche, wo immer sie auch sind.

Halten Sie die von Ihnen selbst festgelegten Zeiten wirklich ein. Telefon abstellen, Kaffee und Tee vorher bereiten und in große Thermosflaschen gießen. Absolute Aufmerksamkeit. Genießen Sie die

Kraft, die von solcher Konzentration ausgeht. Nehmen Sie Ihre geistige Arbeit, die Verantwortung für sie, ernst.

Wenn Sie Ihren Arbeitsrhythmus einmal verinnerlicht und ein entsprechend positives Gefühl entwickelt haben, dann sorgen Sie genau so bewusst für die dazwischenliegende Ruhe und Entspannung. Feste Zeiten muss nicht heißen, dass sie auch starr sind. Sie können sie auflockern durch selbstgesetzte kleine Pausen (nicht durch Telefonate von außen!), den kurzen Lauf um den Block zum Atemholen.

Und abends dann keine Lehrbücher ins Bett mitnehmen. Ab ins Kino, in die Kneipe, zum Sport. Tun Sie nach vollbrachter Arbeit bewusst Dinge, die in Kontrast stehen zur Arbeit am Schreibtisch. Gehen Sie aus, sprechen Sie draußen nicht über Ihre Prüfung. Aber gehen Sie!

Dieser Ratschlag mag banal klingen. Aber ich erlebe immer wieder Studenten, die sich in der Prüfungsphase mit Lernstoff geradezu „zubaggern", die gereizt sind, Rücken-, Kopf- und Gliederschmerzen haben und die sich trotzdem nur mit allergrößten Schuldgefühlen vom Schreibtisch wegbewegen. Rhythmus heißt nicht Dauerarbeit. Rhythmus heißt ausgewogener Wechsel von Konzentration und Entspannung.

Rhythmus gehört nicht nur zum konsequenten Tagesablauf, sondern es gibt auch noch andere Lebensrhythmen, die tief in unser Körper- und Seelengefüge eingreifen. Hier möchte ich an die Weisheit des Wochenrhythmus erinnern. Seit Jahrtausenden gibt es den Rhythmus der sieben Tage, bei den Juden wird der Schabbat und bei den Christen der Sonntag zelebriert. Dies ist der Tag, an dem alle Arbeit unterbrochen werden soll. Darin liegt mehr als religiöse Weisheit, darin liegt die Anerkennung seelischer und physiologischer Gesetzmäßigkeiten. Nicht nur der Körper, auch die Seele, auch der Geist brauchen dieses bewusste Innehalten. Machen Sie sich nicht zur Lernmaschine. Sechs Tage lang sollten Sie intensiv und konzentriert arbeiten, aber an einem Tag dann alles ruhen lassen. Das Geschaffene dankbar und gelassen anschauen und feststellen, dass es so gut war. Über Jahrtausende hat das Schabbatprinzip unsere Kultur geprägt. Gönnen Sie sich diese Form des bewussten Ruhens und rühren Sie nach sechs Tagen Arbeit einen Tag lang Ihre Prüfung nicht an, weder gedanklich noch sonst wie am Schreibtisch. Vergessen Sie Ihre Prüfung für 24 Stunden. Trinken Sie Wein und heiligen Sie Ihre Ruhe.

Anmerkung

(1) Derzeit sind ca. 2/3 der Studierenden während der Vorlesungszeiten erwerbstätig, wobei die Prozentzahlen in den alten und neuen Bundesländern leicht differieren. Siehe Barbara Berkhuijsen und Peter Hiedl: Studienabbruch als Chance, Frankfurt/Main 2000, S.13.

Kapitel 14 Lernen und Lerntheorien

„Überall lernt man nur von dem, was man liebt."

Johann Wolfgang von Goethe

Eigentlich sollten Sie das Lernen im Laufe Ihres Studiums – ganz zu schweigen von der Schulzeit – längst gelernt haben. Und trotzdem haben viele Kandidaten das Gefühl, es zum Zeitpunkt des Examens immer noch nicht zu beherrschen. Tatsächlich ist die Meisterschaft im Lernen ein wichtiger Baustein für die Prüfung. Manche behaupten, er sei überhaupt der wichtigste. Diese Meinung teile ich nicht. Für mich stehen Anteilnahme und die wissenschaftliche Neugier am Thema, sowie eine grundsätzlich positive Haltung zur Prüfung an vorderster Stelle. Aber zwischen diesen und dem Prozess des Lernens selbst gibt es, wie wir in diesem Kapitel sehen werden, eine tiefe innere Verbindung.

In Gesprächen mit Prüflingen erfahre ich, dass die meisten von ihnen intuitiv lernen, ganz ohne bewussten Rückgriff auf irgendeine Lernmethode. Dies ist solange in Ordnung, als die Lernprozesse gut, d.h. unter normalem Energieaufwand, ohne Blockaden und ernsthafte Krisen ablaufen. Natürlich gehen auch in dieses intuitive Lernen eigene langjährige Erfahrungen und Ratschläge anderer ein, oft ohne dass sich die Betreffenden dessen bewusst sind.

Kommt es allerdings in der Prüfungsphase zu Lernblockaden – „Ich kann mir nichts mehr merken", „ich verliere den Überblick", „ich gerate ins Schwimmen" – dann ist es mehr als angeraten, sich über effektive Lerntechniken zu informieren und sie sich, soweit es geht, anzueignen. Nicht umsonst umfasst das Fach Psychologie den großen Bereich der Lernpsychologie: Fragen der Lernbedingungen und der optimalen Aneignung von Lernstoff sind sowohl individuell als auch für Bildungsinstitutionen außerordentlich relevant. Und längst beschäftigt sich die Lernpsychologie nicht mehr nur mit Kindern, Jugendlichen und Studierenden, sondern mit Menschen aller Altersgruppen.

Deshalb können Sie von den Erkenntnissen der modernen Lernpsychologie nur profitieren. Ich rate Ihnen, die Ausgabe für zwei oder drei Bücher über Lernmethoden nicht zu scheuen[1]. Sie sollten sie sich kaufen, um ungehindert darin schreiben und anstreichen zu können, viele Publikationen über Lernmethoden enthalten inspirierende Übungsaufgaben. Es macht auch Spaß, die eigenen, bis dahin eher unbewusst ablaufenden Lernprozesse transparent zu machen, denkend zu durchdringen. Was tue ich eigentlich, wenn ich lerne?

Aus der Fülle der lernpsychologischen Erkenntnisse beleuchten wir im Folgenden einige zentrale Elemente:

Erstens: Die Voraussetzungen
Ohne Erfüllung bestimmter Voraussetzungen läuft so gut wie gar nichts. Dazu gehören an erster Stelle das Interesse am Stoff, die Neugier an der Bearbeitung des Materials, sowie der starke Wunsch, die Prüfung zu bestehen. Dieses Interesse muss nicht immer von vornherein existieren, es kann also durchaus sein, dass Ihr Stoff Ihnen anfangs uninteressant und gar langweilig erscheint. Sie sind daher gefordert, das Thema so anzugehen, dass Sie bei sich selbst das notwendige Erkenntnisinteresse entwickeln, gleichsam die Flamme in sich entzünden. Die Lernpsychologie bezeichnet dies – im Gegensatz zum außengeleiteten, aufgezwungenen Interesse – als *intrinsische* Motivation, die sich für jeden beliebigen Gegenstand erzeugen lässt.

Weitere notwendige Voraussetzungen guten Lernens sind Konzentration und Ruhe. Das Eintauschen in das Material, das Hineingehen in die Logik des Gegenstandes erfordert Ihre volle Aufmerksamkeit. Der amerikanische Psychologe Csikszentmihalyi beschreibt eben diesen Zustand als *flow*: Man ist ganz versunken in einer Sache. Handeln und Bewusstsein sind vollkommen miteinander verschmolzen. Es gibt keinen Raum für Ablenkungen. Der Lernende geht selbstvergessen ganz in seinem Tun auf, und das Entscheidende ist, dass dieser Zustand einen spürbaren Energiezuwachs und Arbeitsfreude bewirkt. *Flow* ist nicht identisch mit Glück, aber es wird definiert als „optimales Erleben", und wer dieses als Prüfungskandidat für seine Lernsituation herzustellen vermag, kann von Glück sprechen[2].

Zweiten: Zieldefinition
Das zweite wichtige Element liegt in der präzisen Definition Ihres Lernziels. Bevor Sie eine Arbeits- bzw. Lerneinheit beginnen, sollten Sie sich im Klaren sein, was genau Sie in diesem Zeitabschnitt erarbeiten und wohin Sie gelangen wollen. Gleichwohl sollten Sie darauf achten,

Ihre Ziele nicht zu hoch anzusetzen, so dass Sie nicht unter Zeitdruck geraten und wegen der Überfülle des Stoffes nur oberflächlich lernen können[3]. Die Kunst der Zieldefinition in der Lernarbeit liegt darin, die vorgegebene Stoffmenge zu überschauen, Gewichtungen vorzunehmen und immer aufs Neue, aus der Kenntnis der Stoffzusammenhänge heraus, eine Auswahl zu treffen. Oft erinnere ich meine Studenten: „Weniger ist mehr!" Das heißt, setzen Sie sich realistische, für Sie gut überschaubare Ziele und gehen Sie in die für das Thema notwendige Vertiefung. Eine der Hauptursachen für Unlust beim Lernen ist die Überfrachtung mit Lernstoff und das dabei zwangsläufig entstehende frustrierende Gefühl, dem nicht gewachsen zu sein.

Drittens: Formen der Aneignung – Lernstrategien und -techniken
Ein dritter Aspekt bezieht sich auf die Formen der Aneignung des Lernstoffes. Normalerweise steht hier das Lesen von Büchern, Zeitschriften und Skripten im Mittelpunkt. Bei Bedarf können Sie gezielt Ihre Lesefähigkeit trainieren[4]. Dabei geht es allerdings nicht nur um eine quantitative Verbesserung, also schnelleres Lesen, sondern vor allem um eine qualitativ bessere Rezeption des geschriebenen Textes im Sinne von ganzheitlicher und genauer Wahrnehmung, von Techniken des selektiven Lesens und des Herausfilterns zentraler Textaussagen.

Allerdings ist das Lesen nur das eine. Die moderne Lernpsychologie lehrt nämlich, dass sich die Aufnahme und das Einprägen von Informationen viel weniger als gemeinhin angenommen nur über das Lesen vollziehen: „Statistisch gesehen behält man 10% von dem, was man liest, 20% von dem was man hört, 30% von dem, was man sieht, 50% von dem, was man hört und sieht, 70% von dem, was man selbst sagt, und 90% von dem, was man selbst tut." (BARTHEL 2001: 51). Diese Erkenntnis können Sie produktiv für sich nutzen, indem Sie Ihren Lernstoff doppelt und dreifach absichern: Sie können Texte lesen, auf Kassetten sprechen und danach abhören; Sie können Texte abschreiben, Übersichten malen, das Gelernte vortragen usw., auf jeden Fall das Lern-Setting entsprechend Ihrer Persönlichkeit und Ihrer Lerninhalte variieren. Auch damit übernehmen Sie ein Stück Verantwortung für Ihr Lernen: Sie selbst definieren (zumindest in gewissem Ausmaß), ob es langweilig ist – oder aber individuell, abwechslungsreich und damit lebendig.

Die Aneignung des Lernstoffes ist ein hochkomplexer Prozess, und natürlich sollten Sie jetzt in der Prüfungsphase Ihr Gehirn nicht zusätzlich mit einer Fülle lerntheoretischer Befunde belasten. Eine Lerntechnik allerdings, die geradezu der Verkrampfung des Gehirns entgegenwirkt und die bei Studenten sehr beliebt ist, ist die von den Engländern Tony und Barry Buzan begründete Mind-Map-Methode. Diese könnte Ihnen jetzt besonders hilfreich sein. Wenn Sie müde sind von dem traditionellen Lernen, das vor allem in der linearen Aneinanderreihung und Ansammlung von Informationen besteht[5], dann wird Ihnen der Übergang auf das „radiale Denken" der Mind-Map-Methode wie eine Befreiung vorkommen: Radiales Denken vollzieht sich immer aus einem Mittelpunkt heraus, aus welchem sich die dazugehörigen Gedankenketten gleichsam assoziativ in Bewegung setzen und, wie das Wort sagt, „strahlen" (BUZAN und BUZAN 2002: 57).

Hier die inhaltliche und technische Quintessenz der Methode: Im Zentrum einer Mind Map steht ein Begriff oder Bild als Hauptthema. Die mit dem Hauptthema assoziierten Schlüsselworte strahlen wie Äste vom Zentralbild aus, wobei von diesen wiederum kleinere und dünnere Äste abzweigen. All diese werden durch farbige Linien verbunden, um den fließenden Zusammenhang des Gedachten zu untermauern. Schlüsselbegriffe werden in prägnanter Form mit einem einzigen Wort niedergeschrieben. Symbole und Bilder vertiefen und verbinden die Schlüsselwörter bzw. die Themenschwerpunkte miteinander. Mind Maps können durch entsprechende Anordnung und/oder Nummerierung hierarchisiert werden. Durch immer differenziertere Abzweigungen sind einer späteren Erweiterung praktisch keine Grenzen gesetzt[6].

Nach Buzan und Buzan gibt es nicht die ein für allemal festgelegte Dominanz einer der beiden Gehirnhälften. Denken – und damit Lernen – vollzieht sich vielmehr in einer permanenten, lebendigen Vernetzung von beiden, und das Gestalten der Mind Map dient eben jener Vernetzung. Komplexe Lernstoffe, die Sie in der Prüfung zu bewältigen haben, lassen sich auf diese Weise auf grundlegende Ordnungsideen reduzieren, Ordnungsprinzipien, die Sie nicht einfach von anderen übernehmen, sondern die Sie selbst gestalten. Darin liegt die schöpferische und inspirierende Kraft dieser Methode.

Für Lernprozesse, die stärker das Reproduzieren von Wissensstoff fordern, wie etwa Sprachen lernen, bietet sich die Methode der Suggestopädie, oder – wie die amerikanische Variante heißt – das Superlearning, an. Diese Lerntechnik basiert auf dem Werk des bulgarischen Psychiaters Lozenov, der sich ursprünglich mit Suggestion und Hypnose beschäftigt hatte und die dort gemachten Erfahrungen in die Lernpsychologie übertrug.

Kernstück dieser Methode, die ein müheloses Lernen sowie eine erhebliche Steigerung der Lernkapazität verspricht[7], ist die systematische Verbindung von kognitiven und nicht-rationalen Aspekten des Lernens. Wichtige Bausteine sind dabei die Organisaton des Lernens in Sequenzen (Wechsel von kognitiven und rezeptiven Lernphasen) sowie körperliche und mentale Entspannungsübungen, Musik und positive Leistungssuggestion zur Herstellung einer optimalen Lernbereitschaft. Dass die Lust am Lernen ebenso wie der Widerstand gegen Lernen zutiefst emotional verankert sind, ist eine bekannte Tatsache. Gleichwohl wird diese Erkenntnis von den meisten Studierenden nicht genügend berücksichtig, bzw. nicht angemessen umgesetzt. Man könnte es nun „Manipulation" nennen, sich mittels gezielter, sozusagen künstlicher Beeinflussung selbst anzuspornen. Ebenso gut könnte man es aber als bewussten Akt der Selbsthilfe interpretieren, wenn Sie sich als Prüfungskandidat die vielfach erprobten Verfahren des Superlearning aneignen, um damit Ihren Lernstoff besser zu bewältigen.

Viertens: Wiederholen und Einprägen
Ein letzter unerlässlicher, gleichwohl oft vernachlässigter Aspekt des Lernen bezieht sich auf das Wiederholen und damit auf das Einprägen des Lernstoffes. Viele Examenskandidaten kalkulieren ihre Lerneinheiten rein auf das Durchsichten und Durcharbeiten ihrer Materialien, sie verankern fleißig viel Wissensstoff im Kurzzeitspeicher des Gehirns und wissen nicht, dass diese Art der Speicherung durchaus noch kein langfristiges Einprägen des Lernstoffs gewährleistet. Das Kurzzeitgedächtnis hat nur beschränkte Speichereinheiten und arbeitet wie sein Name sagt, nur für kurze Zeit: die Informationen können entsprechend schnell vergessen werden.

Lernpsychologisch ist es deshalb angeraten, den Lernstoff in bestimmten Intervallen zu wiederholen, wobei es optimale Wiederholungszeiten gibt. Die besten Lern- und Einprägeergebnisse erzielen Sie, wenn Sie Ihren Lernstoff nach ca. 30 Minuten wiederholen, dann „nach einem Tag, nach einer Woche, einem Monat, drei Monaten und nach sechs Monaten." (BUZAN und BUZAN 2002: 107). In diesem Idealfall, der sich natürlich in den seltensten Fällen herstellen lässt, werden Sie Ihren Lernstoff nachhaltig im Langzeitgedächtnis verankern.

Aber auch hier warne ich vor mechanischen Vorgehensweisen. Wiederholung heißt eben nicht bloß gedankenloses Reproduzieren eines einmal Gelernten. Wiederholendes Lernen in bezug auf die Prüfung bedeutet immer gleichzeitig innerliches Antizipieren im Rahmen des zukünftigen Prüfungsgespräches. Dies tun Sie am besten, indem Sie das Gelernte in Ihrer Arbeits- und Lerngruppe vortragen[8]. Erst dann wird Ihr Lernstoff ganz Ihrer sein: Sie werden ihn gut erinnern, Sie werden souverän über ihn verfügen und ihn an den richtigen Stellen abrufen können. Unendlich oft erlebe ich in Prüfungen, dass die Kandidaten den Stoff wirklich zu beherrschen glaubten, aber im Moment der Prüfung selbst nicht über ihn verfügen konnten; es war eben doch nur *angelerntes* und nicht ihr *eigenes* Wissen.

Halten wir fest: Es gibt nicht die einzig richtige Lernmethode. Jeder Begründer einer Lerntechnik ist von ihr überzeugt und glaubt, sie als allgemein gültig verkaufen zu können. Seien Sie eher auf der Hut. Schauen Sie sich die unterschiedlichen Konzepte an, bleiben Sie in kritischer Distanz und wählen Sie für sich selbst genau das, was Sie glauben, für sich und für Ihre Prüfungssituation zu brauchen.

Anmerkungen

(1) Hier einige gute Bücher über Lernen: Tony und Barry Buzan. Das Mind-Map-Buch. München 2002; Brigitte Chevalier: Effektiver lernen. Frankfurt/Main 1999; Sebastian Leitner: So lernt man lernen. Freiburg/Br. 2002; Werner Metzig und Martin Schuster: Lernen zu lernen. Berlin, Heidelberg und New York 2003; und Verena Steiner: Erfolgreich lernen heißt ... Zürich 2002.
(2) Mihalyi Csikszentmihalyi: Flow. Das Geheimnis des Glücks. Stuttgart 2003.
(3) Vgl. hierzu Kapitel 1: Gutes Timing.
(4) Brigitte Chevalier: Effektiver lesen. Frankfurt/Main 2002.
(5) Buzan und Buzan behaupten, dass „lineare Notizen in Listenform der Arbeitsweise des Geistes zuwiderlaufen, indem sie eine einzige Idee hervorbringen und diese dann von den vorausgegangenen und folgenden Ideen abschneiden. Durch das fortwährende Herausreißen einer Idee aus ihrem Zusammenhang hemmen sie den natürlichen Denkprozess und töten ihn schließlich ganz ab. Listen behindern die freie Assoziation des Gehirns, bremsen sie bis zur Stagnation ab und errichten enge Denkstrukturen, die die Wahrscheinlichkeit verringern, dass Kreativität und Erinnerung frei fließen können." Tony und Barry Buzan: Das Mind-Map-Buch, a.a.O., S. 86.
(6) Nach Buzan und Buzan ist jede Mind-Map „potenziell unendlich. In Anbetracht ihrer strahlenförmigen Natur fügt jedes einer Mind Map angefügte Schlüsselwort oder Bild die Möglichkeit einer neuen und größeren Assoziationskette hinzu, die wiederum die Möglichkeit neuer Assoziationsketten

schafft usw. Dies zeigt erneut die unendliche assoziative Natur des menschlichen Gehirns." Ebenda, S. 86.
(7) „Superlearning verspricht müheloses Lernen sowie eine Steigerung der Lernkapazität um das Zwanzigfache für *jeden* Stoff und für *jeden* Lernenden. Darüber hinaus sei die Methode eine experimentell bewiesene Tatsache." Werner Metzig und Martin Schuster: Lernen zu lernen, a.a.O., S. 154.
(8) Vgl. hierzu das Kapitel 4: Das soziale Netz des Prüfungskandidaten, Abschnitt F: Lern- und Arbeitsgruppen.

Kapitel 15 Prüfung und Internet

„Es muss verhindert werden, dass ein nach Worten leicht
zu ordnendes Faktenwissen an die Stelle von Erkenntnissen
innerer Zusammenhänge und geistiger Bezüge tritt."

Ernst Schubert

Wenn es um die Wissenschaft im Internet geht, so gibt es eine gute und eine schlechte Nachricht. Die gute zuerst: Es gibt kaum ein Thema oder ein Randaspekt eines Themas, das nicht an irgendeiner Stelle im Internet behandelt wird. Und die schlechte: Man muss es nur finden, und das ist oft genug nicht leicht. Deshalb möchte ich Sie ermutigen, das Internet als Werkzeug für Ihre Arbeit zu benutzen, es gleichzeitig aber nicht als Allheilmittel zu betrachten.

Das Internet ist dynamisch und chaotisch. Nicht zufällig waren es zwei Studenten, die auf die Idee kamen, „ein wenig Ordnung ins Chaos des Internet zu bringen" (KIENITZ und GRABIS 2001: 258). Sie kannten die Nöte der Studenten gut. Sie hatten begriffen, wie leicht man sich im Dschungel des Informations-Universums verlieren kann und gründeten gemeinsam 1994 Yahoo. Vier Jahre später waren es wiederum zwei Studenten (auch sie kamen von der amerikanischen Universität Stanford), die eine ebenso einschneidende Erneuerung mit ihrer Google-Suchmaschine starteten.

Auch wenn die Benutzerfreundlichkeit der Suchmaschinen und Webkataloge ständig verbessert wird, so sind die Probleme der Informationssuche im Internet quasi unausrottbar. Ein Problem ist die Größe. Niemand weiß, wie groß die Menge der im Netz veröffentlichten Infos sind, sicher ist nur, dass keine Suchmaschine der Welt alles absuchen kann. Auch die fehlende Strukturierung erschwert eine effektive Suche. Die verschiedenen Veröffentlichungen wie Texte, Grafiken, ganze Bücher stehen alle gleichberechtigt nebeneinander, Informationen zur Vorauswahl (wie Quellen, Inhaltsangabe etc.) gibt es nicht. Und beliebig darf man das Internet auch nennen: Ob Informationen im Netz zu finden sind, hängt oft vom Zufall ab, je nachdem, ob jemand Zeit und Interesse hat, die Inhalte zu verbreiten.

Um das Netz also aktiv für sich nutzen zu können, brauchen Sie Jagdinstinkt. Die detektivisch-akribische Recherche ist der Weg, nicht das bloße Herumklicken, und auch nicht immer die Suchmaschine. Jede Suchmaschine arbeitet mit unterschiedlichen Begrifflichkeiten, deshalb sollten Sie lernen, mit dem Frageschema Ihrer Suchmaschine zu arbeiten. Auch ein gewisses Misstrauen ist angebracht, z.B. ist das beliebte Suchergebnisse-Ranking bei Google durchaus beeinflussbar. Je besser Sie das Internet (und damit meine ich nicht nur das World Wide Web) kennen, um so mehr können Sie es für sich nutzen und Ihre Informationen für sich herausfiltern.

Ein guter Weg sind immer – wen wundert es – die Unis und Forschungseinrichtungen. Sie gehören zu den Fundamenten des Internets, schließlich ist das Netz noch vor wenigen Jahren fast ausschließlich zum Daten- und Informationsaustausch zwischen Wissenschaftlern genutzt worden. Hier finden Sie entweder Abstracts (also Auszüge wissenschaftlicher Arbeiten) oder gleich ganze Arbeiten. Hilfreich bei der Suche nach gedruckter Literatur sind die Internetangebote der in- und ausländischen Bibliotheken, wenn es um Suche nach gedruckter Literatur geht, darüber hinaus finden Sie hier auch viele Quellen zur weiteren Recherche[1].

Dass im Internet alle aktuellen Themen auf dem neuesten Stand zu finden sind, wissen Sie wahrscheinlich selbst. Gesetzestexte, Bezirksregierungen, Aktionen bei Greenpeace, ausländische Presse, tagesfrische Meldungen, die Liste ist groß, und hier präsentiert sich das Netz von seiner besten Seite: es ist schnell und aktuell. Bei abwegigeren Themen aber (und damit meine ich nicht sexuelle Obsessionen – es sei denn, sie gehören in Ihr Forschungsgebiet) empfiehlt es sich, die Recherche auszuweiten. Mailinglisten werden häufig genutzt und bieten sich an, immer auf dem neuesten Stand des eigenen Interessenfeldes zu bleiben. Es gibt sie zu einer Vielzahl von Themen, sie bieten – im Gegensatz zu Newslettern – Gelegenheit zum Austausch. Wie der Name schon sagt, funktionieren sie über E-Mail. Deshalb ist es nicht immer ganz einfach, die geeignete Mailingliste zu entdecken, oft können sie nicht direkt über Suchmaschinen gefunden werden. Es gibt aber einige spezielle Verzeichnisse von Mailinglisten (z.B. www.liszt.com, www.kbx7.de oder www.lisde.de). Vergessen Sie außerdem nicht, Kommilitonen und Bekannte mit gleichen Interessen zu fragen.

Interessant können auch Newsgroups sein. Diese Plattformen zum Gedankenaustausch gibt es zu jedem nur denkbaren Thema, sie funktionieren ähnlich wie schwarze Bretter: jeder schreibt seinen Beitrag und legt sie in der Newsgroup ab, es wird gelesen, kommentiert, debattiert. Der Unterschied zu den Mailinglisten ist die größere Offenheit, aber gleichzeitige Anonymität. Während viele Gruppen zum echten Austausch und als Infobörse genutzt werden, gibt es natürlich ebenso viel Skurrilitäten, Gerüchte oder einfach nur Schrott. Deshalb empfiehlt es sich, sich erst mal Übersicht zu verschaffen. Einen Zugang zu Newsgroups ermöglicht z.B. Google. Zur gezielten Informationssuche sind Newsgroups nur bedingt geeignet, oft genug aber geben sie ein Stimmungsbild wieder, sie sind prompte Reaktion auf aktuelle Entwicklungen. Noch einmal: je besser Sie das Internet bereits kennen, desto besser können Sie es auch für sich nutzen, anderenfalls raubt es eher Zeit.

Aus meiner Erfahrung heraus möchte ich Ihnen aber auch einige kritische Aspekte über akademisches Lernen und Internet aufzeigen, über die Sie zumindest nachdenken sollten. Immer wieder gewinne ich den Eindruck, dass Studierende, die mit Informationen aus dem Internet operieren, diese leicht mit selbst erarbeiteten Inhalten verwechseln. Die Suchmaschine und die aus dem Internet heruntergeladenen Texte sollen das eigene, teils abenteuerliche, teils anstrengende, immer aber erkenntnisfördernde Aufspüren von geistigen Zusammenhängen ersetzen. Die aus dem Internet gezogenen Informationen, die der Student oder die Studentin in der Prüfung präsentiert, sind aber nicht angehend vergleichbar mit den Resultaten eines eigenen Denk- und Suchprozesses. Sie sind oft erkennbar als Output fremden Denkens. Man könnte natürlich einwenden, auch gedruckte Bücher seien Resultat fremden Denkens. Das stimmt natürlich, trotzdem behaupte ich, dass die „klassische" Arbeit mit Fachbüchern umfassender, kritischer und flexibler ist.

Auch wenn die im Netz veröffentlichen wissenschaftlichen Texte auf dem neuesten Stand sind, so sind sie meist nur in reduzierter Fassung zu haben. Die Darstellungsmöglichkeiten im Netz lassen pro Seite oft nur zwei bis drei Seiten Raum, Texte werden in ein enges Datenkorsett gepresst, Literaturhinweise, Zitate oder Quellen müssen leider draußen bleiben. Und auch inhaltlich zeigt sich die Reduktion: der Meinung fehlt die Gegenmeinung, dem Ergebnis die Probe oder Gegendarstellung, der These die Antithese. Kurz, Dialektik finden Sie nur schwer im Netz.

In letzter Zeit ist deutlich spürbar, wie sehr Internet-Wissen in die mündlichen Prüfungen einzieht. Nicht immer ist dieses Gespür leicht nachweisbar. Manchmal gibt es eindeutige Indikatoren, beispielsweise wenn das Auftreten des Prüfungskandidaten und seine Aussagen eklatant auseinander klaffen. Daneben gibt es eher subtile Hinweise, die auch meistens im Sprachlichen angesiedelt sind, winzig kleine Wendungen, Floskeln, die aus der sonstigen Ausdrucks- und Argumentationsweise herausfallen. Wie sicher oder unsicher diese Indikatoren auch sein mögen, sie werden erfahrungsgemäß meistens von allen Mitgliedern der Prüfungskommission gleichzeitig wahrgenommen, es handelt sich also so gut wie nie um die rein subjektive Mutmaßung eines Prüfers.

Allerdings gibt es doch ein untrügerisches Zeichen: Bei ‚Internet-Lernern' stellt man plötzlich fest, dass bei Rückfragen – und Prüfungen bestehen nun einmal viel aus Fragen – oft ein selbst für Prüfungen ganz ungewohnter Leerlauf entsteht. Leerlauf an sich, der sog. Blackout, ist ja durchaus typisch für Prüfungen, nicht aber in dieser Form. Wesentliche Bausteine, die einen wissenschaftlichen Begriff, eine Argumentation oder eine Theorie begründen, werden nach der Übernahme aus dem Internet von den Kandidaten nicht wahrgenommen, konnten gar nicht wahrgenommen werden. Bei solch einer rein reduzierten Informationsdarstellung fehlen die Verflechtungen, es ist sozusagen kein Spiel mit dem Wissen möglich. Anders ausgedrückt: es fehlt das Netz. Manchmal aber ist ein einziger kleiner Baustein, ein bestimmter Teilbereich einer Theorie, mindestens so relevant wie diese selbst – und der Examenskandidat muss passen. Bei mündlichen Prüfungen sollte es letztlich darum gehen, dass sich das individuelle Denken des Kandidaten mit dem geistigen Stoff verbindet, dass er diesen Stoff durch sein Denken selbst prägt, ja verwandelt. Keine Prüfung gleicht der anderen: Ich könnte tausendmal denselben Stoff prüfen, jedes Mal erscheint er in einem lebendigen neuen Licht. „Lernen kann man nur durch Übung und das Überwinden innerer Widerstände. Es nützt nichts, wenn man weiß, dass $E = m \cdot c^2$ ist, wenn man nicht den Weg, der zu dieser Formel führt, durchdenkt. Kennt man nur die Formel $E = m \cdot c^2$, bleibt sie abstraktes und damit totes Wissen." (BUERMANN 1998: 98).

Wenn wir als Hochschullehrer prüfen, dann möchten wir, im Interesse der Studierenden und ihrer zukünftigen Klientel, aber auch aus Selbstrespekt, uns nicht nur zum mechanischen Abrufen gespeicherter Informationen degradieren. Wir wollen in unseren akademischen Prüfungen, so altmodisch dies klingen mag, „Bildung" ermitteln, Resultate kritischer Reflexion und Urteilsfähigkeit – nicht aber Informationen abfragen.

Um wirklich in Ihr Thema einzutauchen und es in all seiner Komplexität zu begreifen, reicht ein rein prüfungsbezogenes Internet–Wissen oft nicht aus. Trotzdem dürfen und sollen Sie das Internet bei Ihrer Arbeit natürlich nutzen. Aber bitte: vergessen oder verdrängen Sie jetzt nicht plötzlich all die wissenschaftlichen Standards, die Sie schon im Grundstudium gelernt haben, benutzen Sie das Internet als Quelle und zitieren Sie.

Meist nämlich verlässt sich der Kandidat vertrauensvoll oder arglos auf die Internet-Informationen, hoffend, dass niemand nach deren Herkunft (sprich Quellen) nachforscht. Erstaunlich häufig sind sich Studierende des Problems gar nicht bewusst, oder sie geben vor, sich dessen nicht bewusst zu sein. Manche Studenten, die beispielsweise lange Passagen ihrer Seminar- oder auch Examensarbeiten mit Internet-Texten anreicherten und dabei ertappt wurden, behaupteten jedenfalls energisch, sich keiner Schuld bewusst zu sein. Akademischer Mundraub sozusagen. Keine Angst, es gibt zum Glück bisher nur wenige unter meinen Kollegen, die es sich zur denk-sportlichen Übung erkoren haben, studentische Internet-Diebe mit detektivischer Akribie zu identifizieren – aber es gibt sie.

Das Internet ist aus der Wissenschaft wie überhaupt aus dem Leben nicht mehr wegzudenken. Es ist eine Fundgrube, schafft Verbindungen, öffnet Horizonte. Aber es ist weit davon entfernt, perfekt zu sein. Deshalb rate ich meinen Studenten während des Studiums – und dies empfehle ich Ihnen auch für die Prüfung – das Suchen im Internet als Brücke zu benutzen, als Sprungbrett hin zu neuen Ideen, zu Assoziationen, zur Vielfalt aktueller Denkansätze. Aber nicht als alleiniges Werkzeug. Das Wissen und die Inhalte müssen Sie sich letztendlich durch Ihre persönliche Auseinandersetzung, durch eigenes Denken, durch den Dialog mit Menschen und die Vertiefung in Bücher erarbeiten. Dies ist ein völlig autonomer Prozess. Mein Rat: Lassen Sie sich diese Autonomie nicht nehmen – von nichts und niemandem. Nicht von Menschen und nicht von Maschinen.

Anmerkungen

(1) Siehe hierzu Ulrich Babiak: Effektive Suche im Internet. Köln 2001 (4.A.), sowie Peter Baumgartner und Sabine Payr: Studieren und Forschen mit dem Internet. Innsbruck, Wien und München 2001.

Kapitel 16 Exkurs über Schokolade

> „Es ist überzeugend nachgewiesen, dass Schokolade von guter Qualität ein gleichermaßen gesundes und angenehmes Nahrungsmittel ist. Sie ist ganz besonders bei Menschen mit intensiver intellektueller Aktivität zu empfehlen."
>
> *Anthelm Brillat-Savari* [1]

Sprechen wir über Schokolade. Eigentlich müsste ich an dieser Stelle eine wissenschaftliche Abhandlung über Masochismus in der Prüfungszeit schreiben, aber ich schreibe lieber über Schokolade. Und ich glaube, Sie lesen auch lieber über Schokolade.

Es ist ein auffälliges und immer wiederkehrendes Phänomen, dass Studierende in der anstrengenden Prüfungsphase gar nicht nach Leichtigkeit und Entspannung streben, sondern im Gegenteil zusätzlich zu dem Druck von außen sich selbst von innen her kasteien und quälen. Von den Kopf-, Rücken- und Gliederschmerzen aufgrund des langen Sitzens sprach ich schon. Und mehr noch. Die meisten kasteien sich auch essensmäßig. Sie trinken zwar viel sauren Orangensaft (wegen der Vitamine), kauen auch kräftig ihr Getreide-Müsli, halten aber alle Genüsse, vor allem natürlich Schokolade und andere Süßigkeiten, schlichtweg für verderblich. Als ob Süßes Ihre Arbeitsmoral angreifen könnte! Wenn schon harte Zeiten, dann richtig hart, sagt die gouvernantenhaftstrenge innere Stimme und verbietet Lollis und Schokoladenplätzchen.

Die bekannte Sterbeforscherin Elisabeth Kübler-Ross[2] wurde in einem Interview gefragt, was sie prinzipiell anders machen würde, wenn sie ihr Leben noch einmal neu zu leben hätte. Kübler-Ross nannte vier einfache Dinge: Weniger arbeiten, mehr Zeit haben, mehr tanzen und mehr Schokolade essen. Die große Ärztin und Schriftstellerin wusste, wovon sie sprach. Sie beklagte im nachhinein, dass sie wegen zu viel Arbeit essentielle Dinge in ihrem eigenen Leben versäumt habe – und dazu gehörte Schokolade essen.

Schokolade stimuliert die Produktion der Endorphine im menschlichen Organismus, ein „Glückshormon", das uns in einen ausgeglichenen Zustand versetzt, dem Zustand des Verliebtseins nicht unähnlich. Die Endorphine stimulieren das Gehirn und das Herz-Kreislauf-System wie nach einer intensiven sportlichen Leistung. Schokolade mit Nüssen (auch Nüsse sind Nahrung fürs Gehirn), Schokolade mit Zimt, mit Mandeln und Trauben, halbbitter, zartbitter – mein dringender Rat lautet: Nehmen Sie die Medizinerin beim Wort und essen Sie in dieser Zeit viel Schokolade. Schokolade tut Ihnen gut, Sie tun sich selbst Gutes. Sie beweisen Ihrem Körper, dass sie ihn während der Prüfungszeit nicht schinden und zusätzlich durch Askese aussaugen, sondern dass sie ihm freundlich gewogen sind und ihn verwöhnen, wie zu Weihnachten, wie zu Ostern und an Festtagen.

Noch ein weiterer Wissenschaftler gibt uns diesen weisen Rat: Bruno Bettelheim, der große Pädagoge und Schriftsteller, leitete über mehrere Jahrzehnte hinweg in Chicago ein Heim und eine Schule für emotional gestörte Kinder[3]. Nicht nur sein eigensinniger analytischer Behandlungsstil, auch die Architektur des Hauses und vor allem dessen Einrichtung sollten nach Bettelheims Vorstellung bis ins kleinste Detail hinein therapeutische Wirkung erzielen. Im Mittelpunkt der häuslichen Einrichtung stand der *Süßigkeitsschrank*. Dieser Schrank war immer randvoll gefüllt, und die Kinder, die nach Süßem verlangten, durften sich jederzeit, Tag und Nacht, davon bedienen. Bettelheim selbst machte sich niemals Sorgen um die Zähne der Kinder. Die primäre Bedürfnisbefriedigung der Kinder empfand er als wichtiger. Bettelheim wusste: Nahrung steht für Kontakt. Und vor allem Süßes steht für Liebe. Und das Kind braucht Liebe.

Sie sind kein Kind. Aber Sie leben in einer Ausnahmesituation, wo Sie es nötig haben, Ihr inneres Kind zu beschwichtigen, zu stärken und aufzumuntern. Gut für sich sorgen ist eine reife Verhaltensweise und Schokolade essen ist keine Spur von infantil. Also, richten Sie deshalb ein kleines Fach (es muss ja nicht ein ganzer Schrank sein) in Ihrer Schreibecke zusätzlich ein, diesmal nicht für Karteikarten, bunte Stifte und Klebstoff, sondern ein Fach für Schokolade. Essen Sie davon, so viel Sie wollen[4].

Anmerkungen

(1) Der bekannte französischer Gastronom und Politiker lebte von 1755 bis 1826.

(2) Elisabeth Kübler-Ross, in Zürich geborene Ärztin und Psychiaterin, mit ihrem tiefgehenden Interesse für Tod (und Leben), gilt als die Begründerin der Sterbensforschung, über die sie viel publizierte.
(3) Bruno Bettelheim: Liebe allein genügt nicht. Die Erziehung emeotional gestörter Kinder. Stuttgart 1979. Darin besonders das Kapitel: Nahrung, das hervorragende Mittel zur Sozialisation, S. 171-201. Außerdem zu lesen: Sylvia Bieker und Christine Ellinghaus: Schokolade, das süsse Glück. München 2000; Joanne Harris: Chocolat. München 200; sowie Aljoscha Schwarz und Ronald Schweppe: Von der Heilkraft der Schokolade. München 1997.
(4) Entgegen vielen Warnungen (zu viel Zucker, Vorsicht bei Übergewicht) berichtet der *Spiegel* (Nr. 2/2004) über aktuelle wissenschaftliche Forschungen, welche die gesundheitsfördernde Wirkung von Schokolade untermauert: „Ernährungswissenschaftler begründen die günstigen Eigenschaften der Kakaobohne mit dem hohen Anteil von Polyphenolen, Pflanzenstoffen, mit denen auch die gesundheitsfördernde Wirkung von Rotwein und grünem Tee erklärt wird. Polyphenole schützen die Zellen und helfen dabei, Stress abzubauen. Zusätzlich erhöhen sie die Knochendichte und reduzieren schädliche Blutfette, die als Mitverursacher für Arteriosklerose und Herzinfarkt gelten." Der Spiegel Nr.2, 2004, S. 57.

Teil III
Vor, während und nach der Prüfung

Kapitel 17 Die Zeit vor der Prüfung

Sie sind nun mitten im Lernprozess und noch einmal möchte ich Sie daran erinnern, dass diese Zeit für Sie einen – hoffentlich nur einmaligen – Ausnahmezustand darstellt. Dieser Gedanke hilft Ihnen in all jenen Situationen, in denen Sie beginnen, an sich selbst zu zweifeln, wo Sie glauben, nicht genug leisten zu können, nicht klug genug, nicht schnell genug zu sein im Lernen. Die Prüfungszeit ist ein Nährboden für solche negativen Phantasien, und es bedarf besonderer Achtsamkeit, damit umzugehen. Was tun Sie, wenn Sie sich in anderer Weise im Ausnahmezustand befinden, beispielsweise während einer Krankheit und in Lebenskrisen? Wenn Sie klug sind, dann kümmern Sie sich jetzt bewusst und liebevoll um Ihren Körper.

Der Körper ist der Tempel des Geistes. Und der Körper entscheidet maßgeblich mit, wie Sie die Prüfung durchstehen. Ihr Körper trägt Sie – oder er trägt sie nicht und Sie werden krank. Ihre Stimme trägt Sie – oder sie versagt sich Ihnen. Ihre Beine tragen Sie – oder sie knicken Ihnen weg.

Sie selbst kennen Ihren Körper am besten. Sie wissen, wie belastbar er ist, wie viel Schlaf er braucht, wie viel frische Luft. Sie wissen, wie gut ihm Bewegung tut, also geben Sie ihm diese Bewegung! Machen Sie wieder Kopfstand: Lockern Sie Ihre verkrampften Gedanken, hüpfen Sie. Auf dem Teppich, im Gras oder auf dem Trampolin. Konzentrieren Sie sich, machen Sie Yoga-Übungen. Und vor allem: laufen Sie!

Körperliche Bewegung ist das A und O in der Prüfungszeit. Beim stundenlangen Sitzen, beim Lernen mit langanhaltender Belastung der Wirbelsäule, bei Überspannung des Gehirns und bei Starre der Nacken- und Schultermuskulatur bleibt nichts mehr im Fluss: Nicht das Strömen des Blutes, nicht die Verdauung und nicht das Fließen der Gedanken. Alles stockt, wenn der Körper stockt.

Und umgekehrt, bringen wir den Körper in Bewegung, dann gerät auch unser Denken in Schwung. Unsere Phantasie, unsere Lernimpulse werden beweglicher. Gedanken strömen uns zu. Alle sportlichen

Betätigungen sollten deshalb in den Wochen und Monaten vor der Prüfung fest eingeplant sein, ja sogar zeitlich noch ausgedehnt – und vor allem mit gutem Gewissen genossen werden. Am liebsten rate ich Studierenden, die unter der Menge des Prüfungsstoffes zu ersticken drohen, zur Teilnahme an Kursen, wo sie Kraft tanken können. Manche gehen erstmals in ihrem Leben zum Capoeira[1], manche zum Boxen. Frauen besuchen Kurse für Orientalischen Tanz – und alle, ohne Ausnahme alle, verspüren eine Zunahme an Lebenslust und eine Entkrampfung im Lernen. Sie fühlen sich nicht mehr überschwemmt vom Lernstoff. Sie werden lockerer im Umgang mit Lerninhalten, die nicht mehr auf ihnen lasten wie das „Gewicht der Welt"[2].

Immer wieder höre ich von Studierenden, dass sie, wenn sie zu viel lernen, „sich gar nicht mehr fühlen". Wenn ich nachfrage, versagen ihnen meistens die Worte, sie können diesen Zustand schwer ausdrücken. Ich selbst glaube, dass sie mit dieser Beschreibung sagen wollen, wie sehr sie sich von ihrem Körper abgetrennt fühlen durch die Überbelastung des Kopfbereiches. Auch dass sie sich in ihrem Wesen entfremdet empfinden.

Und schließlich essen Sie! Ich kann es nicht oft genug wiederholen, dass Sie gut essen sollen. Wie in der Schwangerschaft oder in einer Rekonvaleszenzphase, extra gut, doppelt gut. Fisch, Gemüse, Säfte, Salate und, na, sie wissen schon – Schokolade. Essen Sie in Ruhe, nicht stehend in der Küche oder Imbissstube. Konzentrieren Sie sich auf die Mahlzeiten in derselben Weise, wie Sie sich vorher auf Ihr Lernen konzentriert haben. Allerdings nun als Gegenpol. Jetzt liegt die Konzentration nicht im oberen Bereich, im Kopf, jetzt will der gesamte Körper, und vor allem der Herz- und Magenbereich, im Mittelpunkt stehen. Schmecken Sie, vergessen Sie das, was Sie vorher im Kopf so bewegte. Machen Sie das Essen zur Kulthandlung und trinken Sie Wasser, so viel wie möglich. Das dient nicht nur dem Fluss der Körpersäfte, sondern auch dem Fluss der Gedanken.

Meine Erfahrung zeigt, dass sich viele Prüflinge schlecht ernähren. Tage vor der Prüfung kommen zu mir manchmal Studenten und vor allem Studentinnen, die so abgemagert sind, dass ich sie wegen ihres Untergewichts kaum in die Prüfung nehmen mag. Ich habe Angst, sie fallen gleich um, auf jeden Fall suggerieren sie mir, dass ich sie nicht „angreifen" darf. Verdauungsprobleme, Magen- und Darmerkrankungen, „Übelkeit" sind meiner Erfahrung nach die häufigsten gesundheitlichen Störungen vor Prüfungen, begleitet und übertroffen nur noch von depressiven Verstimmungen aller Art. Andere Studierende haben die „Stimme verloren" und hoffen, dass sie am Prüfungstag vielleicht wiederkehre. Eine Studentin erleidet eine Woche vor der Prüfung eine Gehirnerschütterung, und eine andere ist auf dem Wege zur Prüfung „aus der Straßenbahn gefallen". Nein, das behutsame Wachen über den „Tempel", der uns beherbergt, ist nicht Nebensache, ist nicht banal. Ihr Körper ist das A und O. Ihr Körper ist es, der Sie in der Prüfung trägt.

Nachtrag: Der Tag vor der Prüfung

Alles, was ich bisher sagte, gilt in besonderem Maße für den Tag vor der Prüfung. Gehen Sie jetzt achtsam und liebevoll mit sich um. Vergessen Sie für einen Tag das Gelernte. Ihr Lernstoff ist sowieso wie ein Baum tief und fest in Ihnen verankert. Aber achten Sie auf Ihren Körper. Achten Sie auf guten Schlaf. Viele Prüflinge wachen irgendwann gegen zwei oder drei Uhr nachts auf und liegen wach bis zum Morgen. Manche nehmen auch Schlafmittel, die bis in den Nachmittag hineinwirken.

Planen Sie deshalb den Vortag und Vorabend ganz bewusst. Das heißt, nehmen Sie die Planung dieses letzten Zeitabschnittes mindestens genau so ernst wie bisher die Lernarbeit. Tun Sie etwas, was Sie ausdrücklich mögen: In der Wärme der Sauna versinken, Essen in einer guten Kneipe, Kino ist angesagt. Auf jeden Fall tun Sie etwas, was Sie garantiert ablenkt, was Sie gut schlafen lässt – und was Sie rundherum positiv einstimmt. Ein Glas Wein trinken zum Beispiel.

Auch in diesem Punkt sieht die gängige Praxis der Prüfung meist ganz anders aus. Es gibt Studierende, die in die Prüfung kommen und mir als erstes von den Schlafstörungen der letzten Nacht erzählen: „Ich kann gar nicht aus den Augen schauen," oder „Ich bin völlig überdreht," oder „Ich musste mich heute morgen schon übergeben," und viele andere Erläuterungen des nervösen Zustands. Natürlich berührt es mich, sie so leidend zu sehen – aber glauben Sie mir, es bringt nichts. Gar nichts! Niemand möchte zu Beginn der Prüfung von Schlafstörungen oder von Magen-Darmleiden hören, alle Beteiligten sind jetzt ganz auf die Inhalte der Prüfung konzentriert. Deshalb planen Sie den Abend vor der Prüfung besonders gut!

Im übrigen – so man denn gar nicht schlafen kann – ist eine kurze Nacht vor der Prüfung auch keine Katastrophe. Der Körper produziert in Extremsituationen ausreichend Adrenalin, so dass Prüflinge im Fall einer kurzen Nachtruhe vor allem eins tun sollten: sich keine Sorgen darüber machen! Buch lesen, Tagebuch schreiben, Wachträumen (aber nicht von der Prüfung!) oder, wenn gar nichts hilft: Geschirr spülen, Fotos sortieren oder irgend etwas desgleichen.

Anmerkungen

(1) Capoaira ist eine brasilianische Kampfsportart, die derzeit bei den Studierenden (und nicht nur bei ihnen) hoch im Kurs steht.
(2) So lautete der Titel eines Journals von Peter Handke: Das Gewicht der Welt. Salzburg 1979.

Kapitel 18 Die Kleiderfrage

> „Ich nehme die Kleidung sehr ernst (...). Ich glaube, dass die Kleidung eine Erweiterung der Funktion unserer Haut ist, genauso wie der Hammer eine Erweiterung der technologischen Funktion unserer Hand ist. Kleidung erweitert auch unsere Möglichkeiten, Gefühle und Stimmungen darzustellen, selbst die unbewussten."
>
> *Nancy Friday*

Sie haben natürlich am Vorabend der Prüfung *nicht* mehr all Ihre Zettel geordnet (die Sie sowieso nicht mitnehmen werden). Sie haben stattdessen, bevor Sie ins Kino gingen, Ihre Kleider zurechtgelegt, die Sie am Prüfungstag anziehen. Die Kleiderfrage zu diskutieren wäre eigentlich überflüssig, wenn sie vielen Kandidaten nicht doch im allerletzten Moment so viel Kopfzerbrechen bereitete.

Früher hatten es die Studenten einfach. Vor der Prüfung wurde ein schwarzer Anzug herangeschafft, für die Frauen ein schwarzes oder dunkelblaues Kostüm. Die weiße Bluse, das Hemd wurde gebügelt, und fertig. In meiner Universitätsstadt wusste damals jedes Kind schon aus 200 Meter Entfernung, wer gerade zur Prüfung schritt, so wie man früher auch die Konfirmanden an ihren Anzügen zweifelsfrei erkannte.

Heute, wie gesagt, bereitet die Kleiderfrage manchen Prüfungskandidaten Schwierigkeiten. Die Prüfung ist ja eindeutig ein besonderer, auch ein gehobener Anlass, obgleich die Räume, in denen das Ganze abläuft, meist normale, und manchmal sogar extrem karge Büroräume sind, die keine Spur von gehobener Stimmung verleihen. Dies ist ein Widerspruch, der sich in der Kleiderfrage der Prüflinge widerspiegelt. Soll man sich denn wirklich für eine Stunde Prüfungsgespräch in einem Büroraum eigens schön machen? Irgendetwas widerstrebt sich dem – und dies zu Recht.

Wenn man den oben zitierten Satz ernst nimmt, dass die Kleidung eine Erweiterung der Funktion der Haut ist, dann liegt es nur nahe, dass Sie am Tage Ihrer Prüfung auch dafür gut sorgen. Sie brauchen für sich Kleidung, in der Sie sich rundum wohl und schön fühlen. Nie habe ich bisher erlebt, dass Kandidaten „unangemessen", sprich extrem nachlässig zur Prüfung erschienen. Häufig aber kommen sie „overdressed", ein bisschen wie beim Besuch der Oper oder bei einer großartigen Einladung, und ich spüre dabei manchmal, dass sie sich dabei selbst nicht wohl fühlen. Mich berührt das nicht sonderlich, aber ein offenherziger männlicher Prüfungsbeamter stieß mich kürzlich wieder drauf: „Ich muss bei der Notengebung immer darauf achten, dass ich nicht die schöne Aufmachung mit einfließen lasse", vertraute er mir angesichts einer atemberaubend schön zurechtgemachten Studentin an. Also, man sollte auch bei der Wahl der Kleidung wissen, was man tut.

Kürzlich allerdings habe ich doch reagiert auf die Kleidung eines Prüfungskandidaten. Als ich ihn den Raum betreten sah, war ich sofort überzeugt, dass er sich die komplette Garderobe, vom Jackett bis zu den eleganten schwarzen Schuhen, bei einem Kleidungsverleih geholt hatte. Ich kann es schwer belegen, weshalb ich so überzeugt war, aber alles an ihm erschien mir fremd an diesem Tag – die fremde Kleidung hatte mich verwirrt. Es war, so schien mir, nicht seine Haut.

Umgekehrt gibt es viele Studierende, die sich in der Prüfungssituation besonders stark auf persönliche Kleidungsstücke fixieren, denen sie magische und glücksbringende Kräfte unterstellen. So bekannte etwa ein Student der Naturwissenschaften in einem Interview über Prüfungsverhalten, dass er seinen alten Schal immer am Leib haben müsse, weil dieser „Teile seines Gehirns" trage. Und viele andere Befragte glauben – einer großangelegten kanadischen Untersuchung zufolge – dass sie in bestimmen Kleidungsstücken bessere Leistungen erzielen könnten. (VYSE 1999: 43).

Und noch eine Szene aus einer Prüfung: Ein junger Freund von mir schmückte sich am Tage seines theologischen Examens mit einer knallroten Fliege. Mit ihr sorgte er für Verwirrung und bei einigen männlichen Kommissionsmitgliedern für offene Aggression. Die Kommission brauchte die doppelte Zeit für das Notenfindungsgespräch als im Normalfall, denn es war ein mühsames Unterfangen, die verschiedenen Ebenen der Personen- und Leistungswahrnehmung zu entwirren. Zum Glück hat am Ende der Prüfung die Beurteilung der guten Leistung gesiegt. Aber dennoch gehört schon eine gehörige Portion Selbstbewusstsein – und Humor – dazu, mit einer roten Fliege zum Staatsexamen zu erscheinen.

Ob mit oder ohne Fliege. Es ist Ihr Tag. Machen Sie sich schön. Es ist wirklich keine Trauerfeier. Aber verwechseln Sie nicht Kleidungsstücke und Frisuren mit akademischen Leistungen.

Kapitel 19 Pünktlichkeit und Begleitpersonen

Ein wichtiger Punkt, den Sie an Ihrem Prüfungstag beachten sollten, ist Pünktlichkeit. Ganz einfach: erscheinen Sie pünktlich. Im Idealfall sitzt die Prüfungskommission schon ein paar Minuten vor dem Termin im vorgesehenen Raum, lassen Sie also nicht zu lange auf sich warten.

Es gibt keinen, absolut keinen Grund, zur Prüfung zu spät zu kommen. Kein Glatteis, kein Kindergarten, der noch nicht geöffnet hat, keine verspätete Straßenbahn, keine kranke Großmutter – wir brauchen darüber nicht zu diskutieren. Ich selbst traf bei einer Bahnfahrt einmal eine junge Frau, die zu einem Einstellungsgespräch bei der Polizei fuhr. Sie war niedergeschlagen und erzählte mir empört ihre Geschichte. Sie hatte schon mehrere Vorauswahlverfahren absolviert und war nun auf dem Wege zu letzten Gesprächen mit der Behörde. An diesem Morgen aber klappten ihre Zugverbindungen nicht. Sie rief über Handy bei der Polizeibehörde an, dass sie eine Stunde später ankäme. Aber der Beamte winkte schon über Telefon ab: „Schon gut, fahren Sie wieder nach Hause!" Ganz klar. Wer will eine Polizistin, die auf dem Wege zum Einsatz ihren Zug verpasst? Wer will einen Staatsbeamten, der morgens nicht pünktlich vor der Schulklasse erscheint und die Kinder empfängt? Pünktlichkeit am Prüfungstag ist ein Muss, das Sie übrigens auch von seiten der Prüfungskommission erwarten dürfen, und, wie meine Erfahrung zeigt, auch so gut wie immer vorfinden.

Und nun noch ein letztes beim Gang zur Prüfung: Selbstverständlich gibt es keine Bestimmung, die Ihnen den Umfang und die Art des Sie begleitenden Anhangs vorschreibt. Familienangehörige, Kinder, Ehe- und Lebenspartner sowieso, sie stehen da hoffnungsfroh-hilflos in den Fluren herum wie manche junge Väter in den Entbindungsstationen.

Die Prüfung selbst ist zwar öffentlich, gemeint ist aber eine studentische Öffentlichkeit mit einem fachlichen Interesse an der Prüfung. Die Anwesenheit von Kommilitonen, insbesondere aus der eigenen Lerngruppe, wirkt für viele Studierende unterstützend, und zwar nicht nur während der Prüfung selbst, sondern auch für die daran anschließende Selbstwahrnehmung. Die Kommilitonen haben meist ein sicheres Gespür dafür, ob die Prüfung gut oder weniger gut abgelaufen ist. Allerdings hat der Kandidat auch die Möglichkeit, die studentische Öffentlichkeit auszuschließen, wenn er sich durch die Anwesenheit von mehreren Personen blockiert fühlt. Auch hier liegt also ein Stück Wahlfreiheit für Sie, die Sie zu Ihren Gunsten nutzen können.

Lebende Tiere habe ich bisher selten erlebt, nur ab und zu verirrt sich auch ein Hund in das Prüfungsgebäude. Aber fragen Sie nicht, wie viele Stofftiere! Große und kleine, Bären, Hasen, Löwen, Igel und Kängeruhs. Bei manchen Studierenden ragt das Begleittier aus der Handtasche. Manche setzen es dezent auf den leeren Stuhl neben sich. Manche platzieren ihr Tier vor sich auf den Tisch, und manche halten es kaum merklich die ganze Zeit in der Hand, so als dürfte sich das magische Band zu ihm für keinen Moment lösen. Ich selber nehme diese totemistischen Relikte eher locker, aber dennoch rate ich den Prüflingen doch lieber zur Handtaschen- oder Rucksackversion, wobei sie dann *nach* der Prüfung natürlich ihren ganzen Zoo herausholen können – entweder damit die Tiere mitfeiern können oder damit sie gegebenenfalls Trost spenden.

Bei Kindern in ähnlicher Situation wäre es anders. Da würde ich auch Löwen, Affen und Bären erlauben und gern sehen. Aber denken Sie daran, dass Ihr Staatsexamen ja auch eine Art „Reifeprüfung" ist. Dass Sie an diesem Tag auch Ihre Reife, Ihre eigene Befähigung zur Führung einer Schulklasse oder zur Leitung einer Arbeitssitzung beweisen sollen. Und da will es manchen Prüfungsbeamten – übrigens zurecht – nicht einleuchten, weshalb Sie klug Ihren wissenschaftlichen Diskurs absolvieren und dabei Ihr Plüsch-Känguru vor sich aufbauen.

Kürzlich, und dies war mir bisher noch nie passiert, brachte eine Studentin sogar ihren Vater mit in die Prüfung. Ich glaubte zunächst, dass der fremde Mann von der Bildungsbehörde sei, der unsere Art der Prüfung begutachten solle. Kurz danach, die Prüfung hatte schon begonnen, erfuhr ich von dem verwandtschaftlichen Verhältnis zur Kandidatin. Ich ließ den Vater zu, weil er nicht direkt störte. Nur indirekt nervte er, insofern ich nämlich die ganze Zeit damit beschäftigt war, mir auszumalen, warum er wohl mitgekommen war. Ob er mich vielleicht beschimpfen würde, wenn ich seine Tochter ein bisschen hart rannähme? Ob er vielleicht heimlich mitprotokollierte? Jedenfalls war ich nicht konzentriert. Nach der Prüfung hat mich der Amtsleiter für dieses ungewollte Vergehen getadelt und seitdem steht mein Entschluss fest und klar: Universitäre Öffentlichkeit ist in den Prüfungen explizit vorgesehen, nicht aber unbefugte Besucher. In Zukunft werde ich also nie wieder Väter und andere Verwandten in die Prüfung hinein lassen.

Kapitel 20 Positive Haltung

Endlich sind Sie nun im Prüfungsraum angelangt. Hoffentlich ist es ein einigermaßen angenehmes Zimmer. Die Räume, in denen ich selber prüfen muss, sind in höchstem Maße ungastlich, weiß, steril, harte, eckige Tische, ein paar farblose Stühle, ein langweiliger Kleiderständer – wer hat sich nur so lieblose Räume ausgedacht? Nicht einmal ein Gummibaum hat sich dort hinein verirrt.

Im Grunde kann man ja überall prüfen – in Küchen beispielsweise (ist auch schon geschehen) oder in Cafés. Ich selber wurde von meinem kränkelnden Germanistik-Professor damals von seinem Bett aus geprüft. Auch das hat geklappt. Der Protokollant saß wie ein Psychoanalytiker am Kopf des ungewöhnlich vergnügten, kranken Professors, ich selbst hockte neben dem Nachttisch. Dennoch, ein richtiger Prüfungsraum ist doch sachlicher. Sie sitzen also am Tisch, umgeben vom Professor und den Mitgliedern der Prüfungskommission, dazu eine mehr oder weniger große Zahl studentischer Zuhörer. Der Koala-Bär sitzt eingeschlossen im Rucksack. Sie bersten vor Nervosität und wollen, dass es endlich losgeht. Sie zählen die Minuten.

Halt! Diese Minuten sollten Sie sinnvoll für sich nutzen. Atmen Sie durch, schauen Sie nicht nach unten auf Ihre Schuhe, kauen Sie jetzt nicht an den Fingernägeln, trommeln Sie nicht mit den Fingern auf dem Tisch, sondern schauen Sie lächelnd in die Runde! Nehmen Sie dabei Blickkontakt mit den anderen Wartenden auf, die Sie umgeben, seien Sie freundlich, seien Sie „positiv". Schon in dieser Warteposition nämlich bietet sich manchmal die Möglichkeit, die Weichen zu stellen für einen guten Verlauf – seien Sie offen dafür!

Wenn ich an die Wichtigkeit dieser Momente denke, fällt mir sofort die Geschichte eines Studenten ein, nennen wir ihn Alex. Alex war ein Charmeur. Er hat sich nicht vor Arbeit umgebracht in den Wochen vor der Prüfung, er hat sich nicht geschunden, doch er war extrem offen und zugewandt. Ich sage dies ohne Ironie, er hat sich wirklich für die Menschen, die ihn da prüfen sollten, interessiert und sich ihnen geöffnet. Die Prüfungsstunde verging rasch, sie war spannend für alle. Im Nachgespräch, während der Kandidat draußen auf dem Flur auf das Ergebnis wartete, fiel die Leiterin der Prüfungskommission sofort in eine schwärmerische Lobeshymne für ihn ein: „Was für ein offener, dialogfähiger junger Mann!" meinte sie. So kann man es nennen. Und so wurde es auch von allen anderen Prüfern wahrgenommen, als er ihnen freundlich offen ins Gesicht lächelte.

Neben dieser Art Offenheit zählt auch noch etwas anderes in der Prüfungssituation selbst: das Zuhören-Können, das gute, „aktive Zuhören"[1]. Die meisten Prüfungskandidaten sind so sehr in ihrer Nervosität befangen, dass sie überhaupt nicht richtig zuhören können. Sie rattern ihren Stoff herunter und haben keine Antennen für diejenigen, die ihnen folgen wollen oder sollen. Vor allem nicht für den Protokollanten, der alles mitschreiben muss. Sie überschwemmen mit ihrem Redeschwall die Prüfer und können wegen ihres Dauerredens auch nicht auf Kursänderungen reagieren. Deshalb mein dringender Rat: Machen Sie es bewusst anders. Hören Sie Ihren Prüfern aktiv und aufmerksam zu. Gehen Sie auf deren Fragen und Bemerkungen direkt und sofort ein. Weichen Sie nicht aus mit Worten wie: „Das kommt nachher." Oder mit Sätzen wie: „Das habe ich so nicht vorbereitet." Wenn Sie wirklich aufmerksam zuhören, gewinnen Sie auch Zeit für sich. Sie können sich entspannen, Luft holen, tief atmen, die Gedanken neu ordnen – und dann antworten.

Gutes Zuhören erleichtert Ihnen das Einfühlen in die Denk- und Argumentationsweise des Prüfers. Sie nehmen viel deutlicher wahr, wohin er mit seinen Fragen tendiert. Und Sie geben dem anderen damit mehr Raum im Gespräch, was ihm wohl tut, und manchmal sogar schmeichelt. Wenn Sie Glück haben und dem Prüfer das Wort lassen, füllt er auch manchmal einen Großteil Ihrer Prüfungszeit und gibt sogar selbst die Antworten auf die eigenen Fragen – manche Professoren sind ja, wie Sie bereits wissen, in ihrem Redefluss nicht zu bremsen.

Gut zuhören, aufmerksam sein und lächeln – das sind neben der guten Vorbereitung die drei wertvollsten Fähigkeiten für die Prüfung. Der besagte Student übrigens bekam für seine Prüfungsleistung und Dialogfähigkeit die Note *sehr gut*. Ich sage nicht wegen seines Charmes, sondern mit seinem Charme. Und wünschen wir uns nicht alle dialogfähige, interessierte, offene *und* charmante Lehrerinnen und Lehrer – für unsere, für alle Kinder?

Anmerkung

(1) Siehe hierzu Harry Holzheu: Aktiv zuhören – besser verkaufen. Landsberg am Lech 2000. Die vom Autor angestellten Überlegungen lassen sich teilweise gut auf die Prüfungssituation übertragen.

Kapitel 21
Was ist eigentlich „wissenschaftlich" an der Prüfung?

> „Hinter der Wissenschaft die Dinge spüren und verehren, auf die es eigentlich ankommt und über die schwer zu sprechen ist."
>
> *Werner Heisenberg*

Obgleich kurz vor der Prüfung der meiste Lernstoff gut verarbeitet ist, fühlen sich viele Studierende unmittelbar vor der Prüfung erneut unsicher, welche Standards an Wissenschaftlichkeit von ihnen eigentlich verlangt werden. Sie beginnen im Stoff zu schwimmen, gleichsam ohne Anker und haben Angst, darin zu ertrinken.

Wo liegt das Problem? Meines Erachtens liegt der Hauptgrund für diese Orientierungslosigkeit darin, dass viele Studierende während ihres Studiums selbst das wissenschaftliche Arbeiten im Wesentlichen als Reproduzieren, als bloßes Nachvollziehen der Gedankenarbeit anderer erfahren haben. Sie machten fleißig Aufzeichnungen und bereiteten diese zu abrufbarem Stoff-Wissen in ihren Ordnern auf. In den seltensten Fällen fühlten sie sich dabei aufgefordert zu einer wirklichen Auseinandersetzung mit diesen Inhalten. Niemand forderte von ihnen je eine persönliche Stellungnahme, kein Hochschullehrer provozierte sie wirklich zu Widerspruch. Und wenn es doch einer versuchte – was gelegentlich passiert – ließen sie, die Studenten, sich meist nicht herausfordern. Es handelt sich also um einen wechselseitigen Prozess zwischen Lehrenden und Lernenden.

Nun stehen eben diese Studierenden vor der Prüfung und spüren erstmals deutlich, dass es *das* ja nicht sein kann, die gesammelten und geordneten Informationen schlichtweg nur zu referieren. Wiederkäuen kann, ein einigermaßen intaktes Gehirn vorausgesetzt, jeder. Aber die akademische Prüfung verlangt etwas anderes von Ihnen. Sie verlangt, dass Sie mit dem Stoff, d.h., mit den Theorien anderer selbst-denkend und produktiv umgehen. Wissenschaftlich argumentieren bedeutet, die Theorien anderer mit Leben zu erfüllen. Es bedeutet, eigene Hypothesen und Fragestellungen zu entfalten und auf diesem Hintergrund dann die vorliegenden Theorien kritisch auseinander zu nehmen, zu analysieren, zu vergleichen und zu beurteilen. Auf eine kurze Formel gebracht: Wissenschaftlich argumentieren heißt, den Text, bzw. die Theorie denkend zu durchdringen. Theodor W. Adorno, über viele Jahre in Frankfurt als Hochschullehrer und natürlich auch Prüfender im Fach Philosophie tätig, hat in den sechziger Jahren schon darüber geklagt, wie stark sich das Denken vieler Prüfungskandidaten an Sicherheitskriterien und an vorgegebene Denkmuster klammerte: „Das Flickwerk aus angeeigneten und das will hier meist sagen, auswendig gelernten Tatsachen und weltanschaulichen Deklamation besagt, dass der Zusammenhang von Sache und Reflexion zerrissen ist." (ADORNO 1977: 484). Wissenschaftlich argumentieren bedeutet auch, dass Sie selbst den Mut haben, eigene Hypothesen aufzustellen. Und diese Behauptungen sollen Sie dann mit allen Ihnen zur Verfügung stehenden wissenschaftlichen Methoden untermauern.

Auch bei diesem Gedanken weiß ich, dass sich einige meiner Leser wundern, warum ich dies extra erwähne. Das müsse doch eigentlich selbstverständlich sein. Die Prüfungspraxis sagt jedoch etwas anderes. Die Praxis sagt, dass die meisten Prüflinge eine ausgesprochene Scheu davor haben, ihre eigenen Hypothesen zu entwickeln und zu exponieren. Entweder sie haben schon im Vorfeld keine Hypothesen erarbeitet oder aber sie wollen sie vor den Prüfungsautoritäten verbergen. Haben diese Studenten vielleicht Angst, dass die Professoren ihnen ihre Gedanken zerschlagen würden? Dass sie sich lächerlich machen oder dass ihre Gedanken gar für falsch erklärt würden? Dass dieselben Studenten sehr wohl ihre eigenen und auch sehr eigenwilligen Überzeugungen haben, erlebe ich ja tagtäglich am Mensa-Tisch und überall, wo sie über Gott und die Welt und vor allem auch über die Vorlesungen und die Fähigkeiten (und Unfähigkeiten) der Professoren debattieren. Ohne die geringste Scheu!

Warum also diese Scheu in der Prüfung selbst? Die Vorstellung, dass Wissenschaft „neutral" sein könne oder sogar sein müsse, ist gefährlich. Wissenschaft, die sich als neutral erklärt, kann allzu leicht für jedweden, auch unheilvollen Zweck benutzt und missbraucht werden. Das hat die Geschichte zur Genüge gezeigt und auch in der Gegenwart fehlt es nicht an solchen Beispielen. Nein, Wissenschaft ist nicht neutral. Und ich möchte Sie ermutigen, in der Prüfung selbst weniger passiv-rezipierend, sondern aktiv-eigensinnig mit Wissenschaft umzugehen. Wissenschaft ist nicht heilig – sie ist auch angreifbar.

Kapitel 22 Wie ordne ich die Fülle?

„In diesem Kerker, welche Fülle."

Goethe, Faust

Über Wochen haben Sie nun mehr oder weniger fleißig gelernt, Sie haben den Wissensstoff ausgewählt und in sich reifen lassen und nun stehen Sie mit einer großen Fülle von Wissen bereit. Im Grunde sollten Sie jetzt entspannt und zufrieden sein. Aber oft ist das Gegenteil der Fall. Bei vielen Studierenden setzt gerade in dieser Situation Panik ein: „Wo fange ich an? Alles ist doch so wichtig! Niemals lässt sich diese Stoffmenge in eine einzige Prüfungsstunde pressen."

Hier beginnt genau das, was die eigentliche Prüfung ausmacht. Die Prüfung ist ein Vorgang, in dem Sie in einer fest vorgegebenen Zeiteinheit ein Maximum an gestrafftem Wissensstoff darstellen und diskutieren. Die Prüfung ist eine Institution, wo Sie zeigen sollen, dass Sie die Rangfolge der Wichtigkeit klar definieren können. Es ist dagegen nicht die Aufgabe der Prüfung, eine nicht enden wollende Stofffülle vor den Ohren der Prüfungskommission nur zu reproduzieren, sozusagen abzuladen.

Wie aber nun diese Fülle ordnen? Wenn Sie selbst so sehr in der Sache hängen, so sehr identifiziert und sogar überidentifiziert sind mit Ihrem Wissensstoff, fällt die Gewichtung oft sehr schwer.

Im Gespräch mit Prüfungskandidaten arbeite ich immer gern mit Bildern, und dies möchte ich Ihnen auch empfehlen. Um die Stofffülle in den Griff zu bekommen, habe ich die so genannte „Baum-Theorie" entwickelt. Das Thema ist Ihr Baum. Fest verankert im Boden, gut fundiert, so dass ihn niemand umwerfen kann, aber doch gleichzeitig wie die Birken fähig, sich zu bewegen. Der Wind kann drehen. Der Prüfer wechselt die Richtung. Sie müssen sich ihm zuneigen können.

Die Hauptgedanken, die Hauptthesen Ihres Themas stellen die Äste dar. Prägen Sie sich jeweils nur einige wenige Hauptgedanken ein. Nur die dicken Äste. Drei oder vier, höchstens fünf. In den vier Ästen sollten Sie sich schlafwandlerisch sicher fühlen. Sie kennen die Reihenfolge, Schritt für Schritt. Die Logik ist zwingend, ein Ast nach dem anderen.

Sie können sicher sein: Wenn Sie im Stamm und in den tragenden Ästen des Baumes gut verankert sind, dann werden Ihnen alle kleineren Äste (Nebengedanken), alles Blattwerk (Hintergrundsinformationen) und auch die Früchte (schöne Bilder, plastische Beispiele) leicht einfallen. Sie brauchen Ihr Gehirn damit nicht zu belasten. Aber Sie wissen den Weg. Durch die Konzentration auf die Hauptthesen sind Sie nicht in Gefahr, zerfahren zu sein. Sie sind stärker fokussiert auf das Wesentliche, auf das, was Sie wirklich vermitteln wollen.

Wenn Sie auf diese Weise auf das Wichtige konzentriert sind, dann wird Ihnen auch nicht jenes Missgeschick passieren, was für uns Hochschullehrer fast zum Prüfungsalltag gehört. Die Prüfungszeit ist vorbei, der Kandidat reagiert überrascht, verzweifelt und gehetzt: „Ich muss noch so viel sagen. Das Wichtigste kommt noch!" Aber die Uhr des Prüfungsvorsitzenden ist gnadenlos. Die Zeit ist um. Und wenn die Note am Ende verkündet wird, jammert der Prüfling erneut: „Das wollte ich doch noch alles sagen!"

Konsequente Reduzierung Ihres komplexen Wissensstoffes auf das Wesentliche – das ist die Kunst der Prüfung. Gehen Sie Ihren Stoff immer wieder nach diesem Aspekt durch. Sieben Sie alles Banale, Nebensächliche aus. Lassen Sie sich dabei von guten Freunden, von solidarischen Kommilitonen oder unterstützenden Familienangehörigen helfen. Am Ende bleibt für Sie nur das wirklich Wesentliche einzuprägen, der schöne, klar gewachsene Baum. All die kleinen Äste, die Blüten und die Früchte werden sich dann in der Prüfungsstunde, wenn Sie gelassen sind, ganz von selbst bei Ihnen einstellen. Das garantiere ich Ihnen.

Kapitel 23 Der gute Prüfungsvortrag

„Sprich, damit ich Dich sehe!"

Sokrates

Die mündliche Prüfung vollzieht sich über Sprache. Das klingt so einfach. Sprache ist doch unser täglich Brot. Und dennoch ist es gerade das freie Sprechen und das Rede und Antwort Stehen, welches Examenskandidaten bedroht und bisweilen in Angst versetzt.

Dies ist nicht von ungefähr. Die menschliche Sprache, wenn man sie genau betrachtet – oder wenn man genau hinhört – ist ein hochkomplexes Wesen, als Ausdruck und Bündelung vielfältiger und vielschichtiger Funktionen. Kommunikationswissenschaftler behaupten, dass der Erfolg einer sprachlichen Kommunikation sich aus folgenden Komponenten zusammensetzt: Zu 55% aus Körpersprache, zu 38% aus der Art und Weise, *wie* ein Mensch spricht und zu 7% aus dem Inhalt, also dem Gesprächsstoff selbst[1]. Wenn die Wissenschaftler wirklich recht haben, wie sollen Sie mit diesen verblüffenden Zahlen nun in der Prüfung umgehen?

Sie spüren sofort, dass die Prüfung eindeutig eine Kommunikationsform ist, die sich von der normalen Gesprächsform grundlegend unterscheidet. Und dennoch sollten Sie diese Erkenntnisse der Wissenschaft nicht übergehen, sondern im Gegenteil ihren Wahrheitskern akzeptieren und im Hinblick auf das Prüfungsgespräch verinnerlichen. Sie sollten begreifen, dass die wichtigste Komponente überhaupt – in welchen Prozentzahlen auch immer ausgedrückt – unsere Körpersprache ist. Wie Sie den Raum betreten, wie Sie die anderen Teilnehmer begrüßen, wie Sie mit ihnen in Kontakt treten und wie Sie sich körperlich während der Prüfungsstunde verhalten, all dies entscheidet ganz wesentlich über Ihren Prüfungserfolg.

Sie sollten ferner realisieren, dass die Art und Weise des Sprechens selbst – das heißt die Artikulation, die Tempi, die Pausen, Stimmhebung und -senkung, sprachliche Floskeln und vieles mehr – von großer Bedeutung ist. Sie wissen dies genau aus der Wahrnehmung anderer Personen, zum Beispiel Ihrer Lehrer, die Sie danach beurteilten, wie gut (oder eben schlecht) sie sprachen. Aber oftmals sind Sie während der Prüfungszeit so stark absorbiert durch die Beschäftigung mit den Inhalten, dass Sie auf Ihre eigene Redeweise nicht achten.

Mein während der Prüfungsstunde immer wieder ausgesprochener Rat, „Sprechen Sie langsam und deutlich!" wird daher von manchen als Aggression empfunden. Dass ein atemloser Redeschwall aber selbst auch Aggression sein kann – und zwar gleichermaßen gegenüber den Zuhörern als auch gegenüber dem Protokollanten, der unter Druck gerät – begreifen die meisten Schnellredner nicht [2].

Am Ende stehen nun die sieben Prozent Inhalt, die im Alltag über den Erfolg einer Kommunikation entscheiden. Diese Zahl sollten wir im Prüfungsgespräch durch eine entschieden höhere Zahl auswechseln. Ich maße mir nicht an zu wissen, wie hoch genau diese Zahl ist, aber es versteht sich von selbst, dass der Fokus einer Prüfung auf den Inhalten, auf der Stimmigkeit der Inhalte selbst, liegen sollte. Beginnen wir deshalb, wenn wir über den guten Prüfungsvortrag nachdenken, hier mit den Inhalten.

Erstens: Gute Vorbereitung ist das A und O

An erster Stelle steht die gute, solide inhaltliche Prüfungsvorbereitung. Langfristig angeeignetes, selbständig erarbeitetes und gut gereiftes Wissen bildet das Fundament Ihrer Prüfung. Begreifen Sie die Inhalte als Fundament! So wie ein Haus nicht umfällt, wenn es auf einem guten Fundament gebaut wurde, so werden die Wissensinhalte Sie bei den Fragen des Prüfers gut tragen. Sie werden durch keine noch so überraschenden Fragen aus der Fassung geraten. Man kann aber auch – wie das biblische Gleichnis zeigt – sein Haus auf Sand bauen. Und das auf Sand gebaute Haus kann bei einem Wirbelsturm, bei einer unerwarteten Prüfungsfrage, leicht umfallen.

Nicht nur auf der Wissensebene, sondern auch auf der emotionalen Ebene ist die solide Vorbereitung hilfreich und wohltuend. Wenn Sie vor der Prüfung angemessen und gut gelernt haben, werden Sie sich zum Zeitpunkt der Prüfung nicht mit Gewissensbissen und Schuldgefühlen quälen müssen, nach dem Motto: „Ach, hätte ich doch....!" Sie haben nichts versäumt und brauchen sich nichts Versäumtes vorzuwerfen. Ein gutes Gewissen ist ein sanftes Ruhekissen, sagte der Volksmund – den Inhalten der Prüfung gegenüber können Sie ein gutes Gewissen haben, und Sie können sich nun mit Ihrer gesamten Energie dem Prüfungsdialog selbst widmen.

Zweitens: Die gute gedankliche Struktur

An anderer Stelle habe ich über die Inszenierung der Prüfungsthemen gesprochen. Hier geht es nun ausdrücklich um die sprachliche Übermittlung der Inhalte. Beachten Sie die Notwendigkeit einer guten gedanklichen Struktur. Grundsätzlich verlangt der Vortrag einen Rahmen – einen Anfang und ein Ende – sowie einen roten Faden, der alles Gesagte miteinander verknüpft. Planen Sie deshalb immer einen Anfangs- und einen Schlusssatz mit ein (nicht unbedingt wörtlich, wohl aber gedanklich). Oder, anders ausgedrückt: Tun Sie nicht das, was so viele Ihrer Kommilitonen immer wieder tun. Springen Sie nicht in ein Thema hinein und entsprechend aus dem Thema hinaus. Ich kann Ihnen nur schwer vermitteln, wie häufig und wie krass Examenskandidaten dieser Fehler unterläuft. Das Prüfungsgespräch wird eröffnet und in demselben Moment bekomme ich als Prüfende Zahlen und Fakten über irgendein Thema hingeschleudert, ohne dass irgendetwas inhaltlich angelegt wäre.

Lassen Sie sich Zeit mit der Einleitung. Geben Sie Ihre konzentrierte Kraft in die Einführung des Themas und die Formulierung des Problems und Ihres eigenen Erkenntnisinteresses an dem Thema. Zeigen Sie vom ersten Moment an Ihre Kompetenz im Umgang mit Geistigem, mit Theorie, mit Wissenschaft. Danach, wenn Sie diese Art konzentrierter Kraft und Ruhe um sich verbreitet haben, achten Sie auf den roten Faden, den Sie, selbst bei inhaltlich abweichenden Fragen oder Einfällen der Beteiligten, niemals vergessen sollten.

Vermeiden Sie Verzettelungen und allzu viele Beispiele. Ein einziges Beispiel zur Untermauerung einer theoretischen Aussage macht Ihren Vortrag lebendig, die Aneinanderkettung mehrerer Beispiele ist jedoch eher kontraproduktiv. Viele Studierende, wenn sie sich erst warmgeredet haben, verkennen leicht den Unterschied zwischen Theorie und Beispiel, sie verwechseln beide miteinander und haben die Tendenz, auf der Beispielebene zu verharren. In der Praxis sieht das etwa so aus: Der Prüfer fragt nach einer Definition für „Autismus". Der Kandidat greift das Beispiel eines autistischen Kindes auf, das er selbst einmal in einer Sonderschule erlebte und beschreibt in logischer Folge alle Symptome sowie Behandlungsansätze und glaubt, wegen der Stimmigkeit seiner Ausführungen, eine richtig Antwort gegeben zu haben. Schmunzeln Sie nicht! Diese Art der Fehlkombination ist eine der häufigsten überhaupt. Sie kommt deshalb so oft vor, weil sie in unserem normalen Denk- und Sprachverhalten so üblich und tief verankert ist. Achten Sie einmal in Gesprächen darauf: Vielfach hangeln sich die Gesprächsteilnehmer von einem Beispiel zum anderen ohne Aussagen über das Wesen der Dinge zu machen, oder wissenschaftlich gesprochen, ohne Definition oder Problemdefinition.

Drittens: Ihre Grundhaltung und Ihre Körperhaltung

Wichtig ist ferner Ihre Grundhaltung, mit der Sie die Prüfung antreten. Ihr Prüfungsvortrag ist immer auch ganz wesentlich eine Aussage über Sie als Person.

Gehen Sie als Opferlamm, das alles dumpf über sich ergehen lässt, und klagend in die Prüfung? Gehen Sie selbstzerstörerisch in die Prüfung („Was ich da rede, ist sowieso dummes Zeug?")? Gehen Sie angespannt, übermüdet und nervös in die Prüfung? Gehen Sie selbstbewusst und zuversichtlich in die Prüfung, was sich in gehobener Haltung widerspiegelt? All dies – und noch vieles mehr – nehmen Prüfer sehr deutlich wahr und reagieren jeweils auf ihre Weise.

Viertens: Prüfung ist immer Kommunikation

Dieser Satz ist für die Prüfung hoch relevant. Nicht nur Sie selbst reagieren auf den Prüfer und die Kommission, sondern auch umgekehrt reagieren die Prüfer in hohem Maße auf Ihr Körperverhalten und Ihre Gestimmtheit. Sie reagieren sogar doppelt: Einerseits aus dem Bauch heraus und aus der Gegenwart – „Wie begegnet mir mein Gegenüber?" – anderseits aber auch zukunftsbezogen. Sie projizieren den Kandidaten auf sein zukünftiges Berufsfeld: „Wie wird er später vor einer Gruppe stehen?" „Wie wird er dem anderen zuhören?", „Wird er die anderen mit dem eigenen Redeschwall lahm legen, so wie er es heute mit uns macht?"

Solche Gedanken laufen parallel halb bewusst, manchmal aber auch glasklar in der Prüfung ab. Solche Fragen sind auch teilweise Inhalt der Notengebungsgespräche nach Ablauf der Prüfung. Und dies zu recht. Ich halte es für richtig, dass sich die Prüfenden auch an diesen Zukunfts-Projektionen orientieren. Und mit Sicherheit gehen diese Fragen auch in die Beurteilung der Leistung ein.

Fünftens: Redetechnik

All den Studierenden, die sich bei mir zur Prüfung melden, rate ich dazu, sich neben dem Prüfungswissen mindestens ein bis zwei Tage frei zu nehmen und sich ausschließlich mit Redetechniken zu beschäftigen. Vergessen Sie einmal ganz Ihre Fachstudien und besorgen sich aus der Bibliothek oder aus dem Buchladen neuere gute Bücher über Rhetorik und arbeiten Sie an Ihrer Sprache und Sprechweise. Jeder kann dabei nur gewinnen. Rhetorik, die Kunst des Artikulierens, der Tempi, des Rhythmus und des Einsatzes bzw. des Vermeidens bestimmter Sprachmittel, wurde früher als eigenes Fach innerhalb des universitären Fächerkanons gelehrt. In englischen Schulen war und ist Rhetorik ein angesehenes Schulfach, das neben der Muttersprache gepflegt wird. In deutschen Schulen und auch den Universitäten wird Rhetorik hingegen sträflich vernachlässigt. Viele Studierende haben noch niemals vor einer größeren Gruppe von Menschen gesprochen und beherrschen statt dessen alle Vermeidungsstrategien, um ja nicht in eine solche Gelegenheit zu geraten.

Die Rede aber ist die Form, das Gefäß des Inhalts, und die Bewertung des Inhalts selbst hängt auch immer von ihr ab. Ich möchte hier bewusst keine Tricks und Ratschläge im Einzelnen geben, sondern die Arbeit an der Rede in Ihre Verantwortung geben. Lesen Sie Sammy Molcho hinsichtlich der Mimik und Körpersprache, Sie werden Ihr Vergnügen daran haben (MOLCHO 1983). Studieren Sie Rhetorikbücher und üben Sie ernsthaft[3]. Alles, was Sie jetzt über Rhetorik lernen, wird Ihnen nicht nur in der Prüfung gut dienen, sondern auch in Ihrem zukünftigen Berufs- und sogar Privatleben. Beherzigen Sie Friedrich Nietzsches Worte: „Das Verständlichste an der Sprache ist nicht das Wort selber, sondern Ton, Stärke, Modulation und Tempo, mit dem eine Rede von Wörtern gesprochen wird – kurz: die Musik hinter den Worten, die Leidenschaft hinter der Musik, die Person hinter der Leidenschaft, alles das, was nicht geschrieben werden kann," (NIETZSCHE 2002: 89) Auch in der Wissenschaft – und auch in der Prüfung – darf es Leidenschaft geben.

Anmerkungen

(1) In Telefongesprächen, wo naturgemäß die Körpersprache wegfällt, ist das prozentuale Verhältnis anders. Hier entfällt 88 Prozent auf die Art und Weise des Sprechens und 12 Prozent auf den Inhalt. Ingo Vogel: So reden Sie sich an die Spitze. Sprache als Erfolgsinstrument. München 2001, S.59.
(2) Psychologen haben herausgefunden, dass langsam sprechende Menschen von anderen als wesentlich kenntnisreicher eingeschätzt werden als schneller sprechende. Auch diese Erkenntnis könnten Sie für sich nutzen. Siehe David Niven: Die 100 Geheimnisse erfolgreicher Menschen. München 2002, S.61.
(3) Hier einige Publikationen, die vielfach auch im außer-universitären Bereich genutzt werden. Ich halte es für wichtig, jetzt leicht zu lesende, inspirierende Literatur zur wählen, denn kopflastiges Wissen müssen Sie sich schon zur Genüge aneignen: Harry Holzheu: Natürliche Rhetorik. München 2002; Peter Kürsteiner: Reden, vortragen, begeistern. Vorträge und Reden effektiv vorbereiten und erfolgreich präsentieren. Weinheim und Basel 1999; Ingo Vogel: So reden Sie sich an die Spitze. Sprache als Erfolgsinstrument. München 2001; sowie Udo Nix: Überzeugend und lebendig reden. Landsberg am Lech 1995.

Kapitel 24
Blackouts und wie man damit umgeht

Nobody is perfect.

Blackouts gibt es tatsächlich. Und das unangenehme an ihnen ist, dass sie jeden befallen können. Sie kommen plötzlich und gnadenlos – so wie ein Autounfall. Aber Blackouts sind nicht so schlimm wie ein Autounfall. Niemand kommt wirklich zu Schaden. Und genau wie es bei Unfällen auch gute und wirksame Vorbeuge- und Verhaltensmaßnahmen gibt, so kann man es auch lernen, mit Blackouts umzugehen.

Fangen wir an mit den Vorphasen des Blackouts. Das eigentlich Schlimme ist die antizipierte Angst, die Angst vor dem möglichen Blackout, die Vorstellung, es fiele einem plötzlich nichts mehr ein und man verliere den Faden. Solche Ängste tauchen deshalb so massiv auf, weil Sie als Kandidat die Prüfungssituation im Vorfeld als undefinierbar empfinden, wie Glatteis sozusagen. Und da kann es neben Pirouetten eben auch zum Sturz kommen.

Aber es gibt Wege, damit umzugehen. Nehmen wir einen konkreten Fall. Der Prüfer stellt eine Frage und Sie können absolut nicht verstehen, was er mit der Frage meint, wohin die Frage inhaltlich zielt. Der Boden droht unter Ihnen nachzugeben. In diesem Fall geschieht es häufig, dass Sie krampfen. Sie meinen, das Nicht-Verstandene irgendwie durch stummes Brüten erzwingen zu können und verkrampfen sich immer mehr. Dabei gibt es nur ein einziges Mittel: loslassen! Absolut offen, direkt und ehrlich eingestehen: „Ich habe den Faden verloren. Ich habe im Moment Ihre Frage nicht verstanden. Können Sie das Gesagte vielleicht mit anderen Worten wiederholen?" Wenn Sie dann noch ein „bitte" dranhängen, wird das wohl kaum ein Prüfer verwehren.

Falls der Blackout doch mit starken Affekten und/oder mit körperlichen Begleiterscheinungen verbunden ist – Ihnen wird vielleicht schwindelig oder sogar übel – dann teilen Sie auch dies der Prüfungskommission direkt und ohne Umschweife mit: „Ich habe ein Blackout. Darf ich um eine Unterbrechung von drei, vier Minuten bitten?"

anstatt es soweit kommen zu lassen, dass Sie weinen oder sich erbrechen müssen. Mehr als Sie glauben, haben Sie auch jetzt die Situation in der Hand.

Gehen Sie schon im Vorfeld wachsam, achtsam und voller Respekt mit sich selbst um. Das heißt, schätzen Sie sich richtig ein bei Extrembelastungen. Vermeiden Sie schon im Vorfeld einen Zustand, der Sie weinerlich, flucht-geneigt und damit Blackout-gefährdet macht. Ein Blackout ist keine Schande. So wie der Reiter, der vom Pferde fällt, wieder aufsteigt und weiterreitet (um dem Pferd zu zeigen, wer hier der Herr ist) so sollten Sie es nach einem Blackout tun: kurz innehalten und dann weitermachen. Niemals wird ein Blackout den Ausschlag geben über das endgültige Gelingen oder Misslingen einer Prüfung. Nobody is perfect.

Kapitel 25 Das gute Ende

Ende gut, alles gut. Dieses Sprichwort enthält natürlich nicht die ganze Wahrheit, aber fast. Achten Sie deshalb bewusst auch auf das Ende Ihrer mündlichen Prüfung. Die Praxis sieht nämlich häufig so aus: Ein Mitglied der Prüfungskommission deutet höflich an, dass die Zeit gleich um ist, nur noch wenige Minuten, und der Kandidat realisiert jetzt schlagartig, was er in dieser Prüfungsstunde alles *nicht* gesagt hat und was er eigentlich doch alles sagen wollte. Er wird hektisch, fängt an zu rattern und überlädt seinen Gedankenfluss mit vielen Informationen.

Dabei ist das Gegenteil angesagt. Werden Sie ruhig und schalten Sie bewusst ein oder zwei Gänge zurück. Konzentrieren Sie sich maximal auf Ihren Schlussgedanken, anstatt Ihr Denken mit der Vielzahl des Nicht-Gesagten zu zersplittern. Formulieren Sie jetzt die Quintessenz Ihres Themas oder Ihrer Themen insgesamt, gleichsam als Botschaft, die Sie mit der Prüfung verbinden. Ein solcher Satz könnte sinngemäß etwa so lauten: „Mir war es wichtig, diesen und jenen Punkt rüberzubringen. Ich bin mir bewusst, was ich dabei alles ausklammern musste, aber ich hoffe, dass dieser Gedanke Sie überzeugt." Verbinden Sie sich zum Schluss noch einmal bewusst mit dem Prüfungsinhalt, mehr aber noch mit dem Hochschullehrer und den Zuhörern. Versuchen Sie zu erspüren, ob Ihre Ausführungen Ihren Prüfer und die gesamte Kommission auch wirklich erreicht haben.

Ein Satz aber sollte für Sie am Ende der Prüfung absolut tabu sein, nämlich dieser: „Ich wollte noch so viel sagen, ich hab doch viel mehr gelernt, die Zeit war zu kurz!" Nein, die Zeit war nicht zu kurz. Eine Stunde ist eine Stunde. Sie haben alles gesagt.

Kapitel 26 *Let it be* oder: Die Minuten danach

Alle sprechen über Prüfungen, aber niemand über den Moment danach. Ich meine diese Minuten, die unmittelbar auf das Prüfungsgespräch folgen. In der Regel ist es so, dass Sie nun den Raum verlassen und die Prüfungskommission hinter verschlossener Tür ihren Zensierungs-Auftrag vollzieht. In diesem Moment spüren Sie das, was ich mehrmals schon als das „Nadelöhr" bezeichnet habe, besonders intensiv und hautnah – mit aller damit verbundenen Bedrängnis und Irritation. Da müssen Sie durch.

Meist setzt in diesem Moment relativ unkontrolliert ein ganzer Chor von Stimmen in Ihrem Kopf ein, eine lauter als die andere. Die eine sagt: „Bravo! Toll gemacht, ich war wirklich gut!" Die andere rätselt: „Wie gut war ich eigentlich? Ich weiß es selbst gar nicht." Vor allem aber seien Sie nicht überrascht, wenn auch – oder gerade jetzt – die negativen Stimmen laut werden und sich durchsetzen wollen: „Grauenhaft! Was habe ich da nur erzählt! Ich habe das Wichtigste ausgelassen!"

Ignorieren Sie diese Stimmen! Und zwar sofort. Was sie Ihnen auch erzählen, sie bringen Ihnen nichts, unterstützen nichts. In diesem Moment hilft nur eines: tief atmen, den Kopf ausschalten, nicht über die Prüfung nachdenken. Was geschehen ist, ist geschehen. Jetzt lassen Sie den Dingen Ihren Lauf. *Let it be.*

Am besten natürlich Sie haben Freunde draußen vor der Tür, die Sie auffangen und in diesem nervenzerrenden Moment des Wartens ablenken. Aber es geht auch ohne sie. Manchmal sind es nur wenige Minuten, manchmal eine längere Zeitspanne, bis zu einer halben Stunde, je nachdem wie rasch sich die Mitglieder der Prüfungskommission über Ihre Leistung einig werden. Bisweilen wird drinnen heftig diskutiert, aber dies lässt nie unmittelbare Rückschlüsse auf das Ergebnis zu, im Sinne von lange Wartezeit = schlechte Prüfung. Ich habe es vielmehr oft erlebt, dass die Kommission von den Fragestellungen der Prüfung so angeregt war, dass sie unter dem Vorwand, über den Kandidaten zu verhandeln, in Wirklichkeit am Thema selbst weiterdiskutierte. Manchmal aber – auch dies muss man wissen – gibt es innerhalb der Kommission heftige Meinungsverschiedenheiten, ja Machtkämpfe darüber, wessen Note sich durchsetzt. Und auch das braucht seine Zeit.

Also, noch einmal: Beim Warten sollten Sie noch keine Rückschlüsse auf Ihr Prüfungsergebnis ziehen. Füllen Sie diese Minuten mit anderem aus: Gehen Sie in Ruhe zur Toilette. Kühlen Sie Ihr Gesicht und Ihre Hände, rauchen Sie eine Zigarette. Seien Sie stolz auf Ihre Leistung. Glücklich all diejenigen, die meditative Übungen beherrschen und in der Lage sind, sich in diesem Moment ganz *leer* zu machen [1]. Ein schöner, starker Moment, genießen Sie ihn!

Anmerkung

(1) „Aus wahrer Leerheit erscheint das wunderbare Sein," lehrt der Zen-Buddhismus. Siehe Shunryn Suzuki: Zen-Geist – Anfänger-Geist. Berlin 2002. S. 124.

Teil IV Ergebnisse

Kapitel 27 Die Note wird verkündet

Sie haben es geschafft. Sie merken es sogleich an den Gesichtern der Kommission, wenn Sie in den Prüfungsraum zurückkehren. Setzen Sie sich, bleiben Sie cool. Natürlich haben Sie es geschafft – nach all den konsequenten und fleißigen Vorbereitungen. Der Vorsitzende der Kommission teilt Ihnen dieses nun formal mit, dazu natürlich Ihre Note.

In dieser Sekunde entfaltet sich – so meine Erfahrung – ein ganzes Feuerwerk an Emotionen. Studierende, die bisher noch glaubten, Herr der Lage zu sein, geraten jetzt aus dem Lot, weil sie diese kleine, aber kompakte Chiffre schwer mit dem Ausmaß der Anstrengungen der vergangenen Wochen zusammenbringen können. Ich will hier nur die häufigsten und auffallendsten Reaktionsweisen beschreiben.

Die Verblüfften: Viele Studierende können es, wenn ihnen eine gute, und vor allem eine sehr gute Note mitgeteilt wird, oft gar nicht fassen: „Nein, das ist doch nicht möglich!" Im Sinne von: „Sie haben sich sicher geirrt – ich bin viel schlechter als Sie denken!" So jedenfalls steht es in ihren Gesichtern. Diese Haltung ist viel häufiger vertreten als man glaubt, leider öfters bei Frauen als bei Männern. Manchmal muss ich die Betroffenen regelrecht ermuntern, ihre gute Note auch anzunehmen.

Die Starren: Manchen Kandidaten ist die ganze Situation so ungeheuer, dass sie sich emotional gleichsam tot stellen. Als vorbeugende Maßnahmen – um es gar nicht zum Schlimmsten kommen zu lassen – schneiden sie sich gefühlsmäßig ab. Ob ich eine *eins*, eine *zwei*, *drei* oder *vier* verkünde – das Gesicht oder die Gestik verraten nichts über die Reaktion.

Die Dankbaren: Bei diesen Kandidaten ist das Gegenteil der Fall. Wenn sie ihre (guten) Noten erfahren, platzen sie sofort ein lautes „Wie schön!" und „Danke schön" hervor und ihre Freude ist unmissverständlich. Wie gut erzogene Kinder, wenn sie ein Stück Torte bekommen. Aber wer dankt da eigentlich wem?

Die Begeisterten: Das sind jene Kandidaten, die nach einer positiven Notenverkündigung ihren anwesenden Kommilitonen um den

Hals fallen, noch im Prüfungsraum die Sektflasche aus dem Rucksack zerren, ihre Stofftiere abküssen und sich gebärden, als hätten sie ein Tennis-Match gewonnen.

Die Nörgler: Das sind die Kandidaten, die ihre (meist guten bis mittelguten) Noten erfahren und dann in leicht strengem Ton, schon ein bisschen ihre spätere Lehrerrolle antizipierend, vor der Prüfungskommission verkünden: „Ich weiß nicht, ob ich diese Note so hinnehmen werde."

Die Kämpfer: Die Kämpfer bilden eine Steigerungsform der vorherigen Gruppe. Bei manchen Kandidaten, wenn sie nicht die erhofften Note erzielen, verzieht sich das Gesicht und nimmt leicht verbissene Züge an. Sie sagen oft kein Wort, aber ich habe sofort das Gefühl, dass – noch während der Prüfungsvorsitzende langatmig und vorsichtig mit höflichen Worten die Mängel der Prüfung umkreist – sie schon darüber nachbrüten, welchen Rechtsanwalt sie bemühen werden, um gegen die „ungerechte" Note gerichtlich vorzugehen.

Die Dialogunfähigen: Schließlich gibt es noch eine Gruppe von Prüfungskandidaten, die sich bei allen sonstigen Unterschieden doch in einer Verhaltensweise gleichen: das sind diejenigen, die, kaum, dass sie ihre Note hören, fluchtartig verschwinden. Sie verlassen schnell den Raum, oft ohne eine Miene zu verziehen und manchmal – auch dies habe ich schon erlebt – sogar ohne Abschiedsgruß. Sie lassen uns, Prüfer und Kommission, stehen wie Luft, so als hätte sie soeben ein Frageautomat, ein Computer, geprüft – und nicht menschliche Wesen.

Nein, das ist nicht witzig. Solche Erfahrungen, wie ich sie bei den Dialogunfähigen gemacht habe, lassen mich nicht kalt. Sie beunruhigen mich immer wieder. Sie machen mich traurig. Ich prüfe zukünftige Lehrer, die unser aller Kinder in der Schule unterrichten werden, die ihnen soziales Verhalten und Konfliktfähigkeit im Umgang mit anderen beibringen sollen. Und die Bereitschaft, auch und gerade im Konfliktfall den Dialog nicht aufzukündigen, ist dabei ein vorrangiges Kriterium.

Wie immer die Note ausfällt, häufig schleicht sich bei deren Verkündung Unbehagen ein. Als Kandidat spüren Sie oft eine Diskrepanz zwischen Ihrer eigenen Vorstellung über Ihre Leistung und der Wahrnehmung der Prüfungskommission. Gleichwohl rate ich Ihnen, das Urteil der Kommission anzunehmen, und zwar aus zwei Gründen. Erstens ist durch die Zusammensetzung der Prüfungskommission mit zwei oder drei Personen von vornherein ein gewisses Maß an Objektivität gegeben. Einer irrt sich grundsätzlich leichter als eine Gruppe von drei Personen. Und zweitens handelt es sich bei der Kommission um Personen, die über Jahre hinweg prüfen und von daher sowohl über Erfahrungen als auch Vergleichsmöglichkeiten verfügen. Abgesehen von den wirklich seltenen Fällen von „Allergien" gegen bestimmte Prüfungsinhalte oder vielleicht sogar gegen die Person des Kandidaten selbst, ist doch in den meisten Fällen ein gutes Maß an Objektivität gewährleistet.

Sie lesen dieses Buch, wie ich hoffe, vor Ihrer Prüfung. So haben Sie nun Zeit, spielerisch Ihr eigenes Verhalten während der Notenverkündigung zu antizipieren. Entdecken Sie vielleicht Ihre eigenen, charakteristischen Wesenszüge? Seien Sie alles: verblüfft, hysterisch, kämpferisch – aber bitte nicht dialogunfähig!

Kapitel 28 Kleiner Exkurs über Notengebung

Da stehen Sie nun mit Ihrem Prüfungsergebnis und, ganz gleich zu welchem Typ Sie gehören, Sie reagieren natürlich nicht nur auf das „bestanden" oder „nicht bestanden", sondern auch auf die Note und die Begründung der Note, die der Vorsitzende der Prüfungskommission Ihnen erläutert. Und natürlich reagieren Sie jeweils unterschiedlich. Note *„sehr gut"*: Sie fallen Ihrer/Ihrem Geliebten um den Hals und wirbeln Ihren Glücksbringer in die Luft. Ein freudiger Dank an die Prüfer. Note *„gut"*: Sie zwinkern den Freunden erleichtert zu: „Es ist geschafft!" Schon seltener Dank an die Prüfer. Note *„befriedigend"*: Sie schauen sich neutral um, weder Fisch noch Fleisch. Aber durchgekommen, keine großen Emotionen. Alles krampft ein bisschen. Kein Dank an die Prüfer. Note *„ausreichend"*: Zorn im Gesicht. Entweder gegen den Prüfer oder gegen sich selbst. Kein Dank – oft kein Gruß. Note *„mangelhaft"*: Ich erspare mir das Bild. „Sich betrinken. Ab ins Bett."

Wir sprachen oftmals vom Nadelöhr, das die Prüfung darstellt, und dies geschah nicht ohne Bedacht. Jetzt entscheidet sich, ob Sie Ihr Ziel erreicht haben. Sind Sie durch? Ja, Sie sind durchgekommen! Dann, und dies sage ich mit meiner ganzen Überzeugung, dann seien Sie glücklich und dankbar. Es ist gut so. Es ist vorbei. Freuen Sie sich, auch wenn Sie mit „befriedigend" bewertet wurden. Auch mit „ausreichend", denn Sie haben das besondere Glück, es gerade noch geschafft zu haben.

Natürlich haben Sie in den letzten Tagen mehr als normal an Noten gedacht. Wie erreiche ich *meine „zwei"*? Wie *meine „eins"*? Aber ich rate Ihnen, spätestens jetzt, wo es sowieso gelaufen ist, diese Fixierung auf Noten aufzugeben, ganz zu vergessen. Es gibt zwei überzeugende Gründe hierfür[1]:

Erstens: Ob Sie ein guter Praktiker in Ihrem Beruf werden, das entscheidet nicht die Note Ihres Examens. Sie selbst in Ihrem Handeln, in Ihrem persönlichen Einsatz, mit Ihrer Motivation und mit Ihrer Kreativität entscheiden, wie gut Ihnen die Arbeit gelingen wird. Natürlich ist Ihnen die gute Note förderlich für Ihre Bewerbung, aber kluge Unternehmen wählen ihre Mitarbeiter längst nicht mehr ausschließlich nach erstklassigen Hochschulnoten aus, sondern nach Kriterien wie soziale Kompetenz, Sprachkenntnisse, Auslandsaufenthalte und Praxiserfahrungen.

Zweitens: In unserer Gesellschaft existiert ein besonderes Paradox. Jeder will Einser-Noten, oder mindestens Zweier. Jeder Betrieb, jede Behörde will natürlich gute Bewerber. Aber – und eben darin liegt das Paradox begründet – die bestbenoteten Bewerber sind nicht immer die angenehmsten Menschen. Viele dieser Einser-Kandidaten werden von den anderen als Streber eingeschätzt, die nur das eigene Fortkommen im Sinn haben, als Besserwisser mit überhöhtem und damit unangenehmen Selbstwertgefühl.

Nein, die Einser-Kandidaten sind gar nicht immer so beliebt. Übrigens auch von mir selbst nicht. Ich habe kein Faible für Studierende, denen ich das Fiebern nach Einsen schon ansehe, wenn sie mein Zimmer zur Sprechstunde betreten. Wenn solche Studenten eine *„zwei"* bekommen, reagieren sie frustriert und entrüstet und wollen mit mir kämpfen. Eine Studentin war so empört über eine in einer Klausur vergebenen *„zwei"*, dass sie flugs per Einschreiben Widerspruch gegen die Note erhob. Und zwar sofort, ohne Nachdenken, „termingerecht". Später erfuhr ich dann, dass Studenten wohl mehr oder weniger intensiv auch Klausuren unter sich austauschen, um den Professoren Ungerechtigkeiten in der Notengebung nachzuweisen. Dass man dies vielleicht unter engen Freunden tut, empfinde ich als normal, wenngleich wenig inspirierend, es sei denn aus inhaltlichen Gründen. Dass dieses Klausuren-Kontrollieren allerdings in größeren Kreisen üblich ist, wusste ich bis dahin nicht. Nun aber weiß ich es.

Anmerkung

(1) Zweifellos gibt es, was die Einschätzung der Noten anbelangt, Unterschiede zwischen den Geistes- und den Naturwissenschaften. Als Naturwissenschaftler mögen Sie entgegnen, dass eine Fixierung auf Bestnoten für Sie notwendig sei, dass für Sie ohne eine *„eins"* karrieremäßig gar nichts läuft. Möglicherweise haben Sie mit dieser Auffassung recht. Vielleicht relativiert sich auch dieser Standpunkt, wenn Sie die im Text beschriebenen Gründe lesen, die einen weicheren Umgang mit Noten nahe legen. Es geht hier nicht nur um die Note selbst, sondern um Ihre Haltung um Umgang mit den Noten.

Kapitel 29 Gerecht oder ungerecht

Über das Gezerre, beziehungsweise über den Kampf um gute Noten vergisst man leicht die Tatsache, dass es – vor allem in den Geisteswissenschaften – eine vollkommen gerechte Notengebung nicht gibt und auch niemals geben kann. Zunächst einmal gibt es unterschiedliche Beurteilungsformen. Da steht auf der einen Seite der Versuch, durch objektivierende Verfahren, durch Tests, multiple choice u.a. einen möglichst hohen Grad an Vergleichbarkeit und an objektiver Erfassung der Prüfungsleistung zu erzielen. Dabei gibt es ein festgelegtes Maß an zu erreichender Punktzahl, nach denen die individuellen Leistungen gemessen werden. Damit ist zwar der punktuelle und reale Leistungs-Output in einer Situation erfasst, aber man erfährt dabei nichts über das sonstige Leistungspotential des Kandidaten, zu welchen Leistungen er unter anderen Umständen fähig wäre. Man kann daraus nicht erschließen, ob der Kandidat heute seinen obersten oder untersten Grenzwert erreicht hat.

Auf der anderen Seite stehen die Benotungen – und dies wiederum extrem in den Geisteswissenschaften – die aufgrund von Beurteilungen der vorgetragenen sprachlichen und gestalterischen Leistungen gefällt werden. Obgleich es zutrifft – wie ich an anderer Stelle ausgeführt habe – dass eine Gruppe von drei Personen tendenziell objektiv beurteilt, fließen selbst da noch die unterschiedlichsten bewussten und unbewussten Meinungen und Projektionen mit ein, die durchaus nicht immer kontrollierbar sind. Wissenschaftliche Untersuchungen zeigten verblüffende Ergebnisse: Schulaufsätze im Fach Deutsch wurden von Kollegen so stark unterschiedlich bewertet, dass ein und derselbe Aufsatz mit vier verschiedenen Noten beurteilt wurde. Was für den einen Lehrer im Sachaufsatz „Thema verfehlt" heißt, bedeutet für den anderen „eine kreative Darstellungsweise". Der eine Kollege kann es nicht ertragen, wenn der Schüler zu blumig schreibt oder redet, und der andere fühlt sich durch den sachlichen Stil des Aufsatzes oder des Vortrags zu Tode gelangweilt.

Ähnlich kann es sich auch in der Prüfung abspielen, obgleich die Kriterien der Leistungsbeurteilung doch festzuliegen scheinen und auch schriftlich eindeutig fixiert sind. Es ist ein Zeichen von Klugheit und Realitätseinsicht, dies zu akzeptieren, Sie werden die unterschiedlichen Charaktere der Prüfenden auch durch Diskussionen nicht ändern können.

Kapitel 30 Durchgefallen

„Weine nicht; werde nicht ungehalten. Verstehe."

Baruch Spinoza

Man fällt durch. Irgend etwas in der Prüfung ist daneben gegangen. Ich hoffe nicht, dass es an der Vorbereitung lag. Irgendwelche Dissonanzen tauchten auf. Vielleicht haben Sie die Nacht vorher schlecht geschlafen, vielleicht haben Sie am Abend zuvor zu viel Wein getrunken – kurz, es hat nicht geklappt. Da gibt es nur dreierlei als Lösung. Erstens: Gelassen sein. Zweitens: Pause einlegen. Und drittens: Noch einmal machen. Aber gehen wir Schritt für Schritt vor.

Erstens: Gelassen sein. Sie kennen inzwischen meine Lebens- bzw. Prüfungsphilosophie: Kämpfen, wo irgend möglich, das Ruder in die Hand nehmen, wo man nur kann, sich ernsthaft bemühen, soweit die Kräfte reichen. Aber dann wieder: Loslassen, wo nichts mehr zu machen ist. Nicht schlucken wie bittere Medizin und dabei sauer werden. Nein, aktiv und bewusst gelassen sein. Ich rate Ihnen in dieser Situation, all das zu tun, was Sie auch bei bestandener Prüfung getan hätten: gut essen (gerade jetzt!), ausruhen, sich wieder mit Freunden treffen und der Familie zuwenden.

Zweitens: Pause einlegen. Ganz klar, Sie haben sich verhakt und kopfmäßig verkrampft. Und sie haben sich vielleicht auch emotional verhakt, sind mit Ihrem Prüfer angeeckt, auf jeden Fall war der Fluss der Kommunikation gestört. Sie müssen sich nun aus diesen Verkrampfungen lösen, Kopf und Emotionen befreien, bevor Sie einen neuen Versuch starten. Legen Sie auf jeden Fall eine Pause ein. Räumen Sie alle Ihre Lehrbücher für ein paar Wochen weg oder gehen Sie auf Reisen. Auf jeden Fall schaffen Sie konsequent Distanz zu den Büchern. Am besten machen Sie etwas ganz anderes in dieser Zwischenzeit, am besten irgendwelche körperliche Arbeit.

Drittens: Die Prüfung wiederholen. Ich bin nicht leistungsversessen, vor allem nicht Noten-versessen, aber trotzdem mein dringender

Rat an Sie: Wiederholen Sie Ihre Prüfung. Nicht sofort, aber bald danach. Das bestandene Examen verleiht Ihnen nicht mehr Lebensqualität, hier geht es um etwas ganz anderes. Wenn Sie Ihren Abschluss wegen einer einzigen nicht bestandenen Prüfung insgesamt nicht machen, wenn Sie wegen eines „mangelhaft" das Handtuch werfen, dann wird Ihnen dies erfahrungsgemäß langfristig wie ein Schatten nachhängen[1].

Eine nicht bestandene Prüfung kann wie ein Moloch sein, er holt einen immer wieder ein, erinnert einen immer wieder an die eigene vermeintliche Inkompetenz. Falls Sie im Leben einmal nicht den erwünschten Erfolg haben – im Beruf oder im Liebesleben – dann werden Sie immer wieder von diesem Schatten eingeholt: „Mit dem Examen hätte ich diese Frau (oder diesen Mann) bestimmt bekommen. Mit dem Examen wäre ich sicher längst Betriebsleiter." Und so weiter.

Diese Beobachtung habe ich am deutlichsten in Bezug auf das Abitur gemacht. Jeder, der die „Reifeprüfung" in der Tasche hat, weiß genau, dass sie gar nicht *so* großartig ist und gar nicht von so viel Reife zeugt, wie ihr Name suggeriert. Aber umgekehrt: Wenn jemand das Abitur *nicht* hat, glaubt er oft, dass es nicht nur das Tor zu allen Berufen öffne, sondern auch zu den Menschen. Ein Beispiel: Eine dreißigjährige, intelligente Frau macht das Abitur nach, weil sie meint, in der Universitätsstadt, in der sie lebt, würden die Studenten sich „doch viel lieber mit Abiturientinnen unterhalten". Und sie bemüht sich nun redlich, lernt englisch und französisch, Mathematik und Chemie. Wohlgemerkt, sie ist hübsch und klug und doch davon überzeugt, dass sie das Abitur nötig habe, um mit Männern ins Gespräch zu kommen.

Und noch einmal zur Begründung von vorhin, weshalb Sie die Prüfung möglichst bald wiederholen sollten. Ein einschneidendes, traumatisierendes Erlebnis neigt leicht dazu, sich in der Seele zu verfestigen. Ein Negativum zieht leicht andere Negativerlebnisse nach sich.

Allerdings gibt es auch eine ganz andere Sichtweise mit ebenfalls starken Argumenten. Wenn Sie nach dem Durchfallen wahrnehmen, dass es kein unerwartetes, Sie plötzlich überfallendes Ereignis ist, sondern eigentlich nur der letzte Beweis einer mangelnden Identifikation mit dem Studienfach, die Sie möglicherweise schon seit langem spürten, dann sollten Sie das Durchfallen von einer anderen Seite her wahrnehmen. Dann könnte die nicht bestandene Prüfung eine wertvolle Lektion sein, die Ihnen sagt: „Das ist nicht mein Weg, ich werde mir einen anderen suchen." Dann sollten Sie mutig Ihr Ziel wechseln.

Das Ziel zu wechseln, flexibel auf neue Anforderungen zu reagieren, dem Vergangenen nicht nachzuhängen, ist eine Schlüsselqualifikation im modernen Arbeitsmarkt. Und dass Sie auch über andere Arbeitstugenden – beispielsweise Ausdauer – verfügen, haben Sie dadurch bewiesen, dass Sie Ihr Studium bis zum bitteren Ende durchgehalten haben. Ebenso haben Sie von Ihren erworbenen Grundvoraussetzungen (Allgemeinbildung, Sprachkenntnisse, Übung im Umgang mit Informationen) gute Voraussetzungen zu einer Neuorientierung[2].

Sie selbst wissen am besten, wie es in Ihnen aussieht. Nehmen Sie sich die Zeit, zu entscheiden, welcher Weg für Sie persönlich, für Ihre Seele und Ihr Selbstwertgefühl die geeignetste Lösung ist, und dann entscheiden Sie sich für die eine oder die andere Position. Beide sind stark.

Anmerkungen

(1) Hierzu ein Satz aus einer amerikanischen Dissertation: „Mehr als acht von zehn Leuten nennen auf die Frage, was sie in ihrem Leben besonders bedauern, Unterlassungen und nicht Taten. Ihr Versagen lag mit anderen Worten nicht darin, dass ihnen etwas fehlschlug, sondern darin, dass sie es gar nicht erst versuchten." Zitiert in: David Niven: Die 100 Geheimnisse des Erfolgs. A.a.O., S. 165.
(2) Siehe Barbara Berkhuijsen und Peter Hiedl: Studienabbruch als Chance. Berufsperspektiven und Einstiegsstrategien. Frankfurt/Main 2000, S.26f.

Kapitel 31 Das große Saubermachen danach

„Ein aufgeräumter Schreibtisch bedeutet einen klaren Verstand, einem klaren Verstand wiederum eröffnen sich Visionen und Perspektiven. Wer sich in seinem Papierkram verzettelt, hat keine Kraft, etwas Neues zu schaffen."

Karen Kingston

Es geht nichts über einen leeren Schreibtisch. Ich meine einen Schreibtisch, auf dem nicht an jeder Ecke, meist in chaotischen Haufen, in Boxen oder auf Metallspießen Aufgaben, Verpflichtungen, Termine uns mahnen und unter Druck setzen.

Nun, nachdem all der Prüfungsspuk vorbei ist, bleiben Sie nicht ermattet im Bett liegen, sondern verrichten am besten eine Arbeit, die der Seele wirklich gut tut. Sie misten aus! Sie befreien sich rigoros von all den Bergen von Papieren, von Fotokopien, von Spickzetteln aller Art, die Sie für Ihr Lernen so notwendig brauchten. Richten Sie vielleicht einen Leitzordner mit den wirklich für Sie wertvollen Unterlagen ein, der dann im Schrank verschwindet. Nach drei Jahren blättern Sie vielleicht darin wie in vergilbten Fotos und nach fünf Jahren kommen die Papiere dann endgültig in die blaue Tonne. Die Durchgefallenen verpacken ihre Lernunterlagen erst einmal in einen Schrank.

Manche Ex-Studierende leiten nach dem Examen ihre Lernunterlagen, gut gegliedert und mit perfekten Literaturangaben versehen, großzügig an die schon wartenden Nachgenerationen weiter. Dieses Verfahren halte ich persönlich, wie schon an anderer Stelle ausführlich begründet, für unpassend. Ihre Aufzeichnungen sind Ihre persönlichen Unterlagen. Sie gehören in Ihren Schrank oder in den Müll und nicht in die Hände anderer Leute.

Wenn ich von Müll spreche, dann will ich damit nicht sagen, dass Ihre Aufzeichnungen minderwertig sind. Ich meine vielmehr, dass Sie sich von der Masse des Gelernten, den vielen Seiten- und Nebeninformationen, den Hintergrunddetails befreien müssen. Erst danach sind Sie dann bereit für Neues, für den nächsten Schritt in Ihrem Leben.

Thomas Mann verfuhr übrigens in genau dieser Weise. Wenn er an einem seiner Romane schrieb, bei denen sich jedermann über die kenntnisreichen Details wundern muss, dann trug er eine Fülle an Wissensstoff zusammen, Informationen bis hin zu den kleinsten Details. Er beriet sich mit Geographen, Historikern, Judaisten, Musikern, mit Psychoanalytikern – er sammelte und speicherte für solch ein Werk mehr Informationen als Sie in Ihrem langen Studium. Als dann aber die letzten Zeilen des Romas fertiggeschrieben waren, das Werk abgeschlossen war, dann entledigte sich der Dichter all der angesammelten Information. Er vergaß sie, er schaute sie nie mehr an – er machte sich *leer*, um sich auf Neues zu konzentrieren. Ein starkes, überzeugendes Vorgehen.

Als ich selbst damals meine Examensarbeit zu Ende geschrieben hatte, nach monatelanger fast ausschließlicher Beschäftigung mit dem Thema, habe ich nicht nur alle Papiere verbrannt, sondern ich habe auch die dazugehörige Literatur weggeschafft. Natürlich verbrenne ich keine Bücher. Ich baute mir vor der Mensa einen Tisch auf und stand tagelang in der Sonne und beriet meine studentische Kundschaft, denn ich kannte ja jedes der Fachbücher genau. Am Ende waren alle Bücher weg, und ich habe sie glücklicherweise nie wieder gesehen. Erst danach begann mein neuer Lebensabschnitt.

Solche Rituale – Ordnung schaffen, das Alte verbrennen – sind keineswegs banal. Sie helfen, das Leben zu strukturieren[1]. Ich erlebe immer wieder Studierende, die ohne jeden Übergang von einem Stadium in das andere hinübergleiten – oder sollte man sagen „stolpern"? Noch während sie für ihre Prüfungen lernen, bewerben sie sich schon an den Schulen oder in irgendwelchen Ämtern, als könnten sie es gar nicht abwarten. Sie setzen sich damit selbst und auch andere unter Druck.

Das Aufräumen des Schreibtischs, das Wegwerfen all des Plunders steht für innere Klarheit, für die Bereitschaft, Neues entstehen zu lassen. Es gibt Ihnen Kraft.

Anmerkung

(1) Siehe hierzu die inspirierende Schrift von Karen Kingston: Feng Shui gegen das Gerümpel des Alltags. Reinbek bei Hamburg 2003.

Kapitel 32 Stimmungen nach der Prüfung

„Sagen Sie ihm, dass er für die Träume seiner Jugend
soll Achtung haben, wenn er Mann sein wird."

Friedrich Schiller

Diese Zeit des äußerlichen Aufräumens sollten Sie auch für den inneren Bereich nutzen, für die Fragen: „Was habe ich in diesen langen Universitätsjahren eigentlich gelernt?" „Wohin hat mich dieses Leben gebracht?" Jetzt, wo Sie aus den Zwängen der universitären Lehrpläne und Studienordnungen befreit sind, sollten Sie sich Ihr eigenes Bild über das Gelernte machen. Hat mich all der Wissensstoff, den ich an der Universität gelernt habe, wirklich weitergebracht? Hat mich das Studium reifen lassen? Bin ich kompetenter geworden in meinem Leben?

Ich selbst bekomme von den Studierenden meist nur Extremerfahrungen, vor allem aus dem Prüfungsgeschehen, zurückgemeldet. Es gibt immer wieder Studenten, die nach der Prüfung zu mir kommen und emphatisch erzählen, dass sie selten zuvor in ihrem Leben so ernsthaft, so konsequent intellektuell gearbeitet hätten, mit so viel Begeisterung und so viel Energie. Sie möchten die Prüfung, die ihnen solches abverlangte, am liebsten wiederholen. Andere wieder berichten genau das Gegenteil. Sie erlebten die Prüfungszeit als „Terror": „Nie im Leben ist es mir so schlecht gegangen! Was habe ich mir da nur angetan?" Ausschließlich überwiegt die Erfahrung von Druck und Stress – die Auseinandersetzung mit geistigen Inhalten findet dann oft keinen Platz mehr.

So unterschiedlich wie die Menschen selbst, fallen also auch die Reaktionen auf die bestandene Prüfung aus. Deutlich ist aber, dass trotz dieser Verschiedenheit die meisten Studierenden nur schwer mit der Leere danach umgehen können. Ich möchte deshalb an dieser Stelle noch einmal bewusst an das Konzept der Perspektiven erinnern. Zu diesem Zeitpunkt, da die zweite Perspektive, nämlich die Prüfung selbst, geschafft ist, sollten Sie sich ganz der Perspektive danach, dem eigenen Lebensentwurf, zuwenden.

Viele Studierende waren über Monate, manchmal bis hin zu zwei Jahren, gedanklich so stark gefangen in Prüfungsangelegenheiten (Scheine sammeln, Klausuren, Vorbereitung für Examensarbeit usw.), dass sie sich ihr Leben gar nicht mehr anders vorstellen können. Deshalb auch die Fixierung darauf, möglichst schnell, möglichst nahtlos in die nächste Institution mit neuen, von oben gesetzten Regelungen hinüberzuwechseln.

Warum eigentlich vergessen so viele Studenten, wie groß und vor allem wie schön die Welt ist? Wie viele wunderbare Menschen es überall gibt? Warum vergessen sie nach nur wenigen Universitätsjahren auch ihre eigenen Kindheitsträume – als Arzt nach Afrika zu gehen oder als Forscher nach Indien – so schnell und so vollständig, als wenn es niemals ihre Träume gewesen wären? Selbst wenn Sie nicht Pilot werden wollen, sollten Sie die Welt noch einmal neu mit den Augen von Kindern oder von Jugendlichen wahrnehmen und für sich prüfen, ob Ihr Platz, Ihre Lebensperspektive, wirklich die nächsten 35 Jahre das Heimatmuseum von Mühlhausen oder das Gymnasium von Einbeck sein soll. Vielleicht haben Sie sogar Angst vor so viel Größe, so viel Weite, so vielen Möglichkeiten und so großer Verantwortung, die Sie als Mensch tragen? Vielleicht ist Ihnen das Nachdenken über Renten und Pension und Pflegeversicherung beruhigender. Wie auch immer, welche Perspektiven Sie auch immer entwickeln – jetzt ist Zeit dafür.

Wenn Sie diese Zeit jetzt nicht in einem positiven und produktiven Sinn wahrnehmen und nutzen – nach dem Motto: „Mir steht die Welt offen" – „Ich will in die Welt hinein" – „Ich will Verantwortung tragen" – dann machen sich leicht negative Stimmungen breit. Genau so wie es nach dem freudigen Erlebnis der Geburt eines Kindes bei Müttern häufig die so genannten post-natalen Depressionen gibt, so gibt es auch nach dem Examen die „Depression danach". Studierende fallen bisweilen in eine Leere, die erschreckt. Nichts trägt mehr. Vor allem die erlangten Noten, das Papier „Examen bestanden" trägt nicht. Die Studenten fühlen sich verstoßen aus der bergenden Alma mater. Niemand ist mehr für sie zuständig. Sie sind ausgeschlossen aus dem Kreis der Kommilitonen. Nach der ausschließlichen Fixierung auf den Examenstag bricht nun alle vorwärtstreibende Energie in sich zusammen wie ein Kartenhaus.

In gewissem Maße leiden die meisten Studierenden unter leichter Traurigkeit danach, selbst wenn sie gut bestanden haben. Dies ist sozusagen normal. Falls Sie selbst aber spüren sollten, dass Ihre Depression über das Normale hinausgeht, wenn die Traurigkeit und der Unmut Sie niederwerfen, holen Sie sich jetzt therapeutische Hilfe, die in den meisten Fällen ausgesprochen wirksam ist. Es gibt viele unterschiedliche, auffällige Reaktionsweisen nach der bestandenen Prüfung. So gibt es beispielsweise Menschen, die „am Erfolg scheitern", Menschen, die vom realen Erfolg ihrer eigenen Anstrengungen so überwältigt werden, dass sie daran erkranken, körperlich oder seelisch. Sie können sich den Erfolg überhaupt nur in der Phantasie vorstellen, sich niemals aber selbst zugestehen.

An anderer Stelle, als ich die Reaktionsweisen der Prüfungskandidaten auf die Notenverkündigung darstellte, klang dieses Motiv schon an. Viele Studierende – und ich wiederhole, es sind in der Mehrzahl Frauen – können den erreichten Erfolg nur schwer für sich annehmen. Sie haben, wenn man ihnen die gute Note sagt und sie lobt, das Gefühl, gar nicht wirklich gemeint zu sein. Sie denken, dies sei wohl ein kleiner Irrtum und reagieren entsprechend irritiert. Hier haben wir dieses Motiv also wieder: Nach dem bestandenen Examen muss so etwas wie eine seelische Regulierung, oder sagen wir lieber *Umstimmung* stattfinden, die Umstimmung in eine neue soziale Rolle. Dieser Prozess fällt vielen schwer, manche stolpern daran und erkranken. Gute Therapeuten, häufig auch die Berater an den psychologischen Beratungsstellen der Universitäten, sind mit diesen seelischen Mechanismen vertraut und Sie können sicher sein, dass es sich hier meistens um vorübergehende Symptome handelt, die behandelbar und heilbar sind.

Vorbeugend sei hier noch einmal angeraten, dass Sie die Arbeit an den drei Perspektiven von Anfang an wirklich ernst nehmen und schon vor der Prüfung die drei Perspektiven immer *gleichzeitig* im Auge halten. Es gibt keine Hierarchie der einen über die andere. Keine ist denkbar ohne die andere. Das tägliche Arbeiten, der Tag des Examens und Ihr Lebensentwurf sind eins. Und die Stimmung des einen ist – im Idealfall zumindest – immer mit der des andern verbunden.

Kapitel 33 Rückverbindung mit dem Prüfer

In Erzieherberufen hat man es jahrelang tagaus tagein mit Kindern und Jugendlichen zu tun, die dann mit dem Tag des Schulabgangs meist für immer aus den Augen verschwinden. Die innere Anteilnahme an dem Schicksal der Kinder reißt ab, und der pädagogische Alltag wird durch Neuankömmlinge erfüllt. Manchmal fällt einem später dieses oder jenes Kind wieder ein – meist die auffälligen, die lauten, aber auch die sensiblen – aber dennoch verblassen die Gesichter allmählich und werden von neuen überlagert. Außerdem wachsen ja die Kinder – und manchmal erkennt man sie auf der Straße nicht einmal wieder.

Kinder und Jugendliche ihrerseits haben allen Grund, von sich aus den Kontakt entschieden abzubrechen. Sie müssen sich vorwärts entwickeln, sie müssen weiterziehen in ihren Lebenskreisen. Bruno Bettelheim hat die Kinder in den Kibbuzim in Israel beobachtet (BETTELHEIM 1973). Während der Kindergartenjahre sind die Kinder extrem an ihre Gruppenleiterinnen gebunden, weil die Bindung zu den leiblichen Eltern nur schwach ist. In dem Moment aber, wo die Kinder dann in eine neue Altersgruppe wechseln, und entsprechend neue Erzieherinnen bekommen, brechen sie abrupt den Kontakt zu den Kindergärtnerinnen ab. Die Kinder können es nicht ertragen, ihren alten Gruppenleiterinnen zu begegnen, sie schauen weg, sie laufen weg, wenn sie sie treffen. Sie wollen sie nicht mehr grüßen, so als kennten sie sie gar nicht mehr. Sie befürchten – so die Deutung des Kinderanalytikers – vom Sog der Vergangenheit eingeholt zu werden. Sie wollen und müssen sich entschieden *vorwärts* bewegen.

Natürlich sind Studierende keine Kinder. Sie werden nicht in den Sog der Vergangenheit zurückfallen, wenn sie nach dem Examen mit ihren Universitätslehrern in Kontakt bleiben. Aber irgendetwas in dieser Richtung muss sich auch da abspielen, denn in den allermeisten Fällen bricht der Kontakt zu meinen ehemaligen Studierenden nach dem Examen ab. Jahrelang haben wir gemeinsam Seminare durchlebt – dann der Abbruch. Ich glaube, hier befinden sich die ehemaligen Studierenden in einer Art *Rollenkonfusion*. So sehr sie während des

Studiums und der Examenszeit das persönliche Gespräch, den persönlichen Kontakt gesucht und genossen haben, so sehen sie in dem Moment nach dem Examen doch eher den Amtsträger in mir, der für seine Prüfungsleistung bezahlt wird. Und warum dem danken? Man dankt ja auch nicht dem Finanzbeamten, wenn er die Lohnsteuersache gut bearbeitet oder dem Polizisten, der den Diebstahl des Autos protokolliert.

Junge Menschen, die während des Studiums süchtig sind nach ein bisschen Freundlichkeit, reagieren, wenn sie das Examen hinter sich haben, oft bürokratisch und vergessen, dass man mit kleinen Gesten unendlich viel anrichten kann. Warum nicht eine Blume? Nicht für mich selbst, wohl aber für meine Sekretärin, die über Monate hinweg jedes Problem lösen half und im bürokratischen Prüfungsdschungel so viele Weg ebnete? Warum nicht Schokolade für die Damen vom Prüfungsamt, die einen ausgefallenen Termin noch zwei Tage vor Weihnachten nachholen ließen, damit die verzweifelte Studentin in Ruhe feiern konnte?

Alle schimpfen. Alle klagen tagtäglich gegen die Massenuniversität. Sie gehen in die psychologische Beratungsstelle des Studentenwerks, weil sie sich so verloren fühlen auf dem Campus – zu Recht. Aber sie alle tragen mit ihrem ego-zentrierten Verhalten – „nur ich selbst, nur mein eigenes Durchkommen ist wichtig" – nicht wenig zu diesem Zustand bei. Sie verfestigen ihn tagtäglich.

Nachtrag: Natürlich gibt es auch Studierende, die den Kontakt halten. Weil es sie gibt, wird mir überhaupt der Unterschied so augenfällig zwischen jenen, die einfach verschwinden und den anderen. Einige schreiben gleich nach dem Examen oder kommen in die Sprechstunde, um noch einmal über die Prüfung nachzudenken. Andere wieder melden sich nach Jahren, dann, wenn sie sich sicher genug fühlen, wenn sie mir zeigen können, dass sie im Berufsleben bestehen. Sie haben dann keine Angst mehr, in den Sog der *Alma Mater* zurückzufallen. Und einige sind mir inzwischen Freunde geworden.

Teil V Schreiben

Kapitel 34 Gut schreiben

„Die Sprache ist die Quelle aller Missverständnisse."

Saint-Exupéry

Wenn es wirklich zutrifft, dass derzeit 50% aller Studienabbrecher am Schreiben scheitern, so wie es der Schreibpädagoge Lutz von Werder behauptet (VON WERDER 1992: 11), dann ist es für Sie wichtig, über das eigene Schreiben nachzudenken. Der letzte Teil des Prüfungsbuches behandelt deshalb das Schreiben der Abschlussarbeit, der Magister-, Diplom-, Staatsexamens- oder auch Doktorarbeiten[1].

Die Gewichtung der schriftlichen Abschlussarbeit im Verhältnis zur mündlichen Prüfung fällt je nach Universität und Fachbereich unterschiedlich aus, grundsätzlich aber hat die schriftliche Arbeit einen hohen Stellenwert in der Gesamtbeurteilung der Prüfung und fordert deshalb viel Zeit und Energie. Ähnlich wie die mündlichen Prüfungen nehmen die Studierenden auch die Aufgabe des Schreibens extrem unterschiedlich wahr. Manche erledigen das Schreiben fast nebenbei und ohne merkbare Belastung, dies sind allerdings nur wenige. Andere quälen sich über Monate hinweg, so als sei das Schreiben ein menschenfeindlicher Akt. Schließlich gibt es viele, die unter der gestellten Aufgabe so stark leiden, dass sie die darüber erkranken und das Examen insgesamt abbrechen. Eine vierte Gruppe holt sich Schreibhilfen von außen, wie sie im Internet und anderswo ungeniert angeboten werden: „Schreibe Ihre Diplomarbeit zu günstigen Preisen!" Auf diese illegalen Machenschaften will ich hier nicht eingehen, obgleich dies ein spannendes Thema wäre.

Weil Schreibkompetenz so unterschiedlich gewichtet und immer eine individuelle Angelegenheit ist, fällt es auch nicht leicht, allgemein verbindliche Regeln und Empfehlungen auszusprechen. Um wirklich effizient persönliche Hilfen zu gewähren, wäre es sinnvoll, vorher eine eindeutige Analyse des Schreibverhaltens des Prüfungskandidaten zu erstellen, eine Verfahren, das mancherorts schon erfolgreich, insgesamt aber noch viel zu selten, praktiziert wird [2].

Im Grunde sollte es sich von selbst verstehen, dass Sie mit Ihrem Hochschullehrer nicht nur Ihr Thema absprechen, sondern auch Ihr Schreibverhalten und den damit einhergehenden Bedarf an Betreuung thematisieren. Ihr Hochschullehrer muss Ihre Geschichte hören, um gut beraten zu können. Er muss erfahren, was Sie zu einem bestimmten Thema führt. Er muss Ihre Schreib-Vorgeschichte kennen, ob Sie in der Lage sind, selbständig zu schreiben oder ob Sie während des Schreibprozesses konkrete Unterstützung brauchen; und wenn dies der Fall ist, welcher Art und in welchem Ausmaß. Alle Aspekte, die Ihr Schreibverhalten betreffen, sollten von Anfang an offen besprochen werden, nur so kann es zu einer produktiven Zusammenarbeit kommen. Sie können damit viele Irritationen und Missverständnisse während des Schreibens Ihrer Examensarbeit vermeiden.

Vorweg möchte ich Sie auf ein Paradox hinweisen. Die Schreibnot der Studierenden ist, wie gesagt, groß. Man sollte daher meinen, dass Studenten schon während ihres Studiums, vor allem aber in der Abschlussphase ihrer Examensarbeit, das Angebot an Schreibhilfen und -ratgebern aktiv für sich nutzen. Dies ist aber auffallend wenig der Fall. Anders als in den angelsächsischen Ländern, wo Schreibtraining für Studierende eine bewährte und respektierte Tradition hat, greifen Studierende deutscher Universitäten viel weniger zu diesen Büchern, sie quälen sich stattdessen als heroische Einzelkämpfer durch – oder brechen alles ab.

Dies hat mehrere Gründe, von denen ich nur drei erwähnen möchte. Erstens die vermeintliche Zeitnot. Der Kandidat glaubt, nur noch Zeit für sein Thema selbst zu haben. Sich unter Zeitdruck zu fühlen ist sowieso ein Kardinalmerkmal von Prüfungsnot, wobei der durch ineffektive Schreibtechniken verursachte Verlust an Zeit und Energie dabei nicht bedacht wird. Zweitens die Vorstellung des Kandidaten, dass Schreiben-Können zur akademischen Grundausrüstung gehöre, die man mit dem Abitur gleichsam attestiert bekommen habe. Und schließlich drittens die Annahme des Prüflings, es handle sich hier um sein persönliches Problem, welches er möglichst für sich behält und nicht an der falschen Stelle preisgeben darf. Fürchtet er doch insgeheim, dass sein Professor Schreibschwäche mit intellektueller Schwäche assoziiert.

Die Probleme des Schreibens einer wissenschaftlichen Arbeit sind aber keineswegs individuell. Die Probleme beim Schreiben einer Prüfungsarbeit sind institutionell vorgegeben und es ist nur die persönliche Art jedes Einzelnen, mit mehr oder weniger Reibung damit umzugehen. Wenn Sie als Schreibender, oder besser schon in der Vorphase Ihres Schreibprozesses, entdecken, dass Sie sich verhaken, dass Sie sich verirren oder gar verzweifeln, dann rate ich Ihnen dringend, sich für eine gewisse Zeit aus allen inhaltlichen Fragestellungen Ihrer Examensarbeit herauszuziehen und sich in diesen Tagen ausschließlich auf den Prozess des Schreibens zu konzentrieren. Gehen Sie in Klausur, allein oder mit Kommilitonen, und organisieren Sie Ihren eigenen Schreibkurs. Vergessen Sie für ein paar Tage das Thema Ihrer Examensarbeit – entdecken und erlernen Sie das Schreiben für sich!

Für diesen Zweck gibt es eine Fülle gut geeigneter Bücher, von denen Sie einige wenige in Ihre Klausur mitnehmen sollten. Übrigens, die besten Anregungen für gutes, lebendiges Schreiben holen Sie sich nicht unbedingt nur aus akademischen Schreibführern[3], sondern aus manchen klassischen Schreibschulen, die für Schreibwillige aller Art gedacht sind, für Journalisten, für Möchtegern-Dichter, für alle, die zum Schreiben motiviert sind[4]. In den USA boomt diese Literatur, die zu lesen oft eine große Lust ist[5]. In Deutschland wird dieses Genre auch zunehmend populär, wenngleich der Umgang mit dem Thema „Schreiben" hierzulande traditionell eher schulmeisterlich-spröde ausfällt.

Vielleicht bedeutet die konzentrierte Beschäftigung mit dem Schreiben eine Wiederbegegnung mit etwas in Ihnen Verschüttetem. Vielleicht haben Sie als Schülerin oder junger Student gern geschrieben, haben den Umgang mit Sprache gemocht oder gar geliebt. Und jetzt schaffen Sie sich bewusst eine Möglichkeit, diesen Umgang mit Sprache, mit der Reflexion über Sprache wieder zu gewinnen, sich neu einzuüben. Ich selbst erinnere mich, dass mir im Laufe meines akademischen Studiums meine eigene Sprache regelrecht „abhanden" gekommen war. Eine meiner ersten Seminararbeiten in der Germanistik händigte mein Professor mir aus mit dem Vermerk „Nicht wissenschaftlich!" Meine Sprache war nicht die seine. Und seine Sprache war nicht meine. Was das wirklich wissenschaftliche war, sagte er mir allerdings nicht. Ich musste es, wie Sie größtenteils auch, allmählich erraten, ich musste mich durch Anpassung und Imitation, durch „trial and error" dem annähern, was man „akademische Sprache" nennt.

Viele Studierende glauben, so wie ich es damals nach dieser frustrierenden Erfahrung tat, sie müssten sich selbst „ausschalten", sie müssten sich ihren persönlichen Stil abgewöhnen und sich stattdessen eine neutrale, „anspruchsvolle" Sprache – den so genannten „elaborierten Code" – aneignen. Damit aber verfallen sie oft unmerklich in einen anonymen Stil, in ein lebloses Beamten-Deutsch, hinter dem sie selbst als Person kaum mehr wahrnehmbar sind. Das Hauptziel dieser Art des Schreibens scheint darin zu liegen, sich abzusichern und persönlich nicht angreifbar zu sein, vor allem aber, nicht als unwissend und dümmlich entlarvt zu werden.

Der amerikanische Soziologe Howard S. Becker hat eben dieser Thematik ein eindrucksvolles Buch gewidmet: „Die Kunst des professionellen Schreibens" (BECKER 2002). Viele seiner Beobachtungen lassen sich auf deutsche Verhältnisse übertragen und viele seiner Klagen und Angriffe gegen die Institution Universität teile ich mit dem Autor. Howard S. Becker versteht die Verkrampfungen der Studenten beim Schreiben, ihr Bemühen, sich hinter einer akademischen Maske zu verstecken, als Ausdruck eines starken Anpassungsdruckes von Seiten der Universität. Fast alle ihre Mitglieder schreiben in der Sprache der „Wissenschaftsbeamten" (BECKER 2002: 182), und diejenigen, die diese noch nicht beherrschen, fühlen sich gezwungen, sie anzunehmen. Kaum sind Studierende integriert in ihren Fachbereich, schreiben sie brav, angepasst und oft schwammig, um sich nicht persönlich festzulegen hinter der Maske. Man spürt beim Lesen vieler studentischer Texte zweifelsfrei, dass diese niemals aus eigenem Antrieb geschrieben worden wären, sondern dass sie reine Pflicht-Produktionen sind.

Umgekehrt lesen die Professoren diese Arbeiten angeblich nur deshalb, weil sie dafür bezahlt werden. Eine harte, aber realistische Einschätzung. Viel lieber als Examensarbeiten lesen Professoren den „Spiegel" oder die „Süddeutsche Zeitung", es sei denn, die Arbeiten ihrer Studenten enthielten wichtige Hinweise oder Entdeckungen für das eigene Forschungsgebiet.

Es ist hilfreich für Sie, die Sache mit dem akademischen Schreiben auf diese nüchterne Weise zu sehen. Das befreit Sie von den hochgeschraubten Ansprüchen an Ihre Examensarbeit, denn gerade diese Ansprüche sind es ja, welche Sie unter Druck setzen und die so viel Unlust beim Schreiben verursachen. Diese Einsicht trägt dazu bei, dass Sie generell zu einem realistischem Bild über die Anforderungen an eine wissenschaftliche Examensarbeit gelangen. Das Schreiben einer Examensarbeit ist eine anstrengende Arbeit, die von außen auferlegt wurde und deshalb in den seltensten Fällen von hoher innerer Motivation getragen ist. Sie ist teilweise Knochenarbeit. Es ist eine Arbeit, für die Sie ein hohes Maß an Disziplin, Organisiertheit und Konzentration aufbringen müssen, damit Sie erfolgreich daraus hervorgehen.

Vielen Studenten macht das Schreiben Angst. Von dieser Angst sind vor allem diejenigen betroffen, die glauben, ein perfektes Schreibresultat vorlegen zu müssen, die aber nicht wissen, wie ein solches Werk zustande kommt. Howard S. Becker rührt an die Geheimnisse seines und meines Berufsstandes, wenn er offen legt, dass Professoren normalerweise nie etwas von ihren eigenen Schreibproblemen zugeben. Wenn man die Professoren öffentlich wortgewandt argumentieren hört, folgert man leicht, dass sie auch schriftlich nur druckreife Ergebnisse produzieren, und zwar gleich beim ersten Anlauf.

Dies aber ist ein Mythos. Die Publikationen der Professoren als Wissenschaftler sind meistens selbst das Resultat langer, mühsamer Schreibprozesse. Texte werden nach der Erstfassung oft fünf bis zehnmal und manchmal noch mehr bearbeitet, verworfen, um- oder neu geschrieben. Vielleicht erleichtert es Sie, dies zu erfahren. Und dass dies ein durchaus sinnvolles Verfahren auch für Sie ist, erfahren Sie in Kapitel 39.

Zu einem realistischen Bild des wissenschaftlichen Schreibens gehört auch die angemessene Wahrnehmung der eigenen Schreibleistung. Über Jahre hinweg habe ich festgestellt, dass Studierende eine wenig zutreffende Einschätzung der von ihnen geschriebenen Texte haben. Häufig neigen sie dazu, den eigenen Text schlecht zu beurteilen. Wenn ich ihre Meinung über ihre Examensarbeit erfahren möchte, wenn ich sie direkt frage: „Sind Sie mit Ihrem Text selbst zufrieden? Wie finden Sie ihn?", dann behaupten sie oft, dass sie kein Urteil, keine Maßstäbe, kein Gefühl zu dem Geschriebenen hätten, so als seien sie von ihrem geistigen Produkt abgeschnitten. Nur ganz selten erlebe ich jemanden, der seinen eigenen Text als gelungen empfindet. Häufiger treffe ich immer wieder auf Zeichen von Scham für das „Produkt".

Der Zensor, diese innere Stimme in uns, die Urteile über uns fällt und uns in die Position der Scham zwingt, ist stark. Man darf ihn nicht unterschätzen. Er ist manchmal strenger als die Stimme der Professoren. Ihr Hochschullehrer, der einen Text von Ihnen durchsichtet und kritisiert, wird, wenn er einigermaßen gut erzogen ist, sachlich Kritik formulieren und Vorschläge zur Verbesserung machen. Der Zensor im Innern aber spricht gnadenlos und vernichtend: „Ich bringe gar nichts zustande! Alles ist unsinnig, schwachsinnig!" und desgleichen mehr. Der innere Zensor macht oft das Schreiben zur Qual – und er meldet sich besonders häufig schon bevor das Schreiben überhaupt beginnt. Oft ist der Zensor dafür verantwortlich, dass der Kandidat, ähnlich wie beim Lernen für die mündliche Prüfung, der Schreibprozedur ausweichen will. Der Zensor ist ein Trickser.

Der von außen aufdiktierte Schreibprozess, der Druck, sich innerhalb einer festen Zeitspanne intellektuell zu outen, produziert diffuse Ängste, die sich mit rationalen Mitteln nur schwer steuern lassen. Die meisten Studenten wissen beim Schreiben ihrer Examensarbeit gar nicht genau, wovor sie Angst haben. Meistens haben sie das Gefühl, in ein verwirrendes Chaos zu stürzen. Und viele haben die Befürchtung, dass das, was sie schreiben, einfach „falsch" sei, und dass irgendjemand sie dafür auslachen könne.

Für Sie ist es gut, wenn Sie um all diese möglichen Ängste und überzogenen Vorstellungen wissen. Kein Mensch lacht sie aus. Das ist eine Reminiszenz der Schulzeit. Schon dieses Wissen beugt vor, macht stark. Sie werden also nicht überrascht sein, wenn Sie bei sich selbst seltsame, irrationale Reaktionen entdecken. All das ist normal. Ihre einzige Aufgabe ist es jetzt, sich optimal für Ihre spezielle Aufgabe vorzubereiten. Zum Glück gibt es einige dafür bewährte und erlernbare Schreibregeln.

Anmerkungen

(1) Die Klausuren werden hier bewusst ausgeklammert. Sie sind von Universität zu Universität verschieden und vieles, was Sie in diesem Kapitel lesen, lässt sich auch auf die Klausuren beziehen. Klausuren bedeuten Schreibleistung in konzentriertester Form.

(2) Siehe hierzu den Bericht über das Marburger Schreiblabor, in dem der Germanist Gisbert Keseling seine Erfahrungen darlegt. Gisbert Keseling: Schreibblockaden überwinden. In. Norbert Franck und Joachim Stary: Die Technik wissenschaftlichen Arbeitens. Paderborn 2003, S.197-222.

(3) Zu den besten akademischen Schreibführern gehören meines Erachtens die folgenden: Howard S. Becker: Die Kunst des professionellen Schreibens. Ein Leitfaden für die Geistes- und Sozialwissenschaft. Frankfurt/Main und New York 2002; Umberto Eco: Wie man eine wissenschaftliche Abschlussarbeit schreibt. Doktor-, Diplom- und Magisterarbeit in den Geistes- und Sozialwissenschaften. Heidelberg 2003; sowie Otto Kruse: Keine Angst vor dem leeren Blatt. Ohne Schreibblockaden durchs Studium. Frankfurt/Main 2002.

(4) Auch hier nenne ich nur die bekanntesten und erfolgreichsten Publikationen: Wolf Schneider: Deutsch für Profis. Wege zum guten Stil. München 2001; Gabriele L. Rico: Garantiert schreiben lernen. Reinbek bei Hamburg 1998; Sol Stein: Über das Schreiben. Frankfurt/Main 1999 und Lutz von Werder:

Lehrbuch des kreativen Schreibens. Berlin 1996. Alle diese Bücher lassen sich gut lesen und werden Sie gut in den Schreibfluss bringen.

(5) Zu dieser Gruppe gehören u.a. Julia Cameron: Von der Kunst zu schreiben ... und der spielerischen Freude, die Worte fließen zu lassen. München 2003; sowie Natalie Goldberg: Schreiben in Cafés. Berlin 2003. Beiden Autorinnen, die über Jahrzehnte als Schreiblehrerinnen tätig waren, gelingt es mit ihrem lebendigen und eigenwilligen Stil, Lust auf Schreiben zu vermitteln, Kreativität zu fördern und Schreibblockaden aufzulösen.

Kapitel 35
Schreibregeln und wie man damit umgeht

Ja, zum Glück gibt es einige bewährte Schreibregeln, die Ihnen beim Verfassen Ihrer Examensarbeit nützlich sein können. Aber Vorsicht: Wie klug und überzeugend diese Regeln auch sein mögen, Sie sollten diese nicht als ehernes Gesetz nehmen, welches Sie zusätzlich unter Druck setzen. Nehmen Sie sie als Inspiration, als Erfahrungen anderer Schreibender und prüfen Sie, was für Sie selbst sinnvoll ist.

In einer amerikanischen Schreibschule finde ich einen Satz, der mich aufhorchen lässt: „Der beste Schreibratschlag, den ich je gehört habe: Schreib nicht wie in deinen Hochschulzeiten." (WINOKUR 2000:80). Diese Mahnung verweist auf ein Dilemma, dessen Sie sich immer bewusst sein sollten. Sie stehen nämlich jetzt in einer widersprüchlichen Situation: Auf der einen Seite ist es für Sie unerlässlich, sich ein Mindestmaß an wissenschaftlicher Sprache zu bedienen. Gleichzeitig aber müssen Sie doch fortwährend darauf achten, nicht in den ermüdenden und hochgeschraubten Stil zu verfallen, wie man ihn zu Genüge aus Lehrbüchern und wissenschaftlichen Zeitschriften, und eben auch aus vielen Examensarbeiten, kennt. Dieser Stil ist nicht nur für Autoren einer Schreibschule ein Grauen, sondern für die meisten Menschen, wenn sie ehrlich sind.

Mit anderen Worten: Sie dürfen den Rahmen der wissenschaftlichen Sprachgepflogenheiten Ihres Faches nicht völlig sprengen und müssen gleichzeitig dafür sorgen, dass Ihre Sprache lebendig und individuell bleibt. Damit befinden Sie sich in einem Balanceakt, Sie müssen Ihr Schreiben fortwährend reflektieren und kontrollieren. Aber nehmen Sie die Mühe auf sich, achten Sie während des gesamten Schreibprozesses darauf, dass Sie nicht in den nebulösen Sumpf der Wissenschaftssprache versinken und sich darin dann selbst nicht mehr wiedererkennen. Schreiben, auch Schreiben an der Institution Universität, ist ein persönlicher Akt, und ich bin überzeugt, dass Ihr Bemühen um Sprache vielfach belohnt wird. Durch das Lob Ihrer Hochschullehrer und Freunde – viel mehr aber durch Ihre eigene Zufriedenheit an der Arbeit.

Kapitel 36
Die Themenwahl für die Abschlussarbeit

> „To see a world in a grain of sand
> and a heaven in a wild flower,
> hold infinity in the palm of your hand,
> an eternity in an hour."
>
> *William Blake*

In diesem Prüfungsbuch war schon mehrfach die Rede von der Themenwahl. Hier müssen wir sie noch einmal aufgreifen, denn die Wahl Ihres Themas entscheidet ganz wesentlich, wie Sie sich in den nächsten Monaten, oder bei der Doktorarbeit sogar die nächsten Jahre, fühlen werden.

Regel 1: Übernehmen Sie die volle Verantwortung für Ihr Thema!

Zunächst zur Frage der Wahlfreiheit. Sofern Sie die Möglichkeit haben, das Thema Ihrer Examensarbeit frei zu wählen, so sollten Sie unbedingt von dieser Wahlfreiheit Gebrauch machen – mit allen Konsequenzen. Viele Studierende ahnen nicht, dass es sich hier um einen empfindlichen Punkt handelt. Manche Kandidaten bitten nämlich ihren Hochschullehrer um ein Thema oder lassen sich eines von ihm übergeben, überzeugt von seiner Kompetenz, das jeweils Richtige zu finden. Sobald sie dann aber in die ersten Schwierigkeiten mit der Organisierung des Stoffes geraten, geschweige denn mit der Formulierung der ersten Gedanken, neigen sie dazu, dem Professor die Schuld dafür zuzuschreiben. Ihr Gefühl suggeriert ihnen, der Professor habe ihnen das Thema „aufgezwungen" (wie damals der Lehrer in der Schule), und sie manövrieren sich unbewusst in eine lähmende Opferrolle. Sie sollten deshalb von Anfang an die volle Verantwortung für Ihr Thema selbst übernehmen, was nicht heißt, dass Sie sich nicht kompetent beraten lassen sollen. Und ich rate Ihnen, in die Auswahl des Themas und die endgültige Entscheidung viel Aufmerksamkeit, viel Bewusstsein und viel Zeit fließen zu lassen.

Regel 2: Grenzen Sie Ihr Thema ein!

Was ist überhaupt zu bedenken bei der Auswahl des Themas? Als erstes sollten Sie darauf achten, dass Sie Ihr Thema nicht zu allgemein und umfassend formulieren. Oft wollen gerade die motivierten Studenten große und spektakuläre Themen angehen, und sie unterschätzen dabei die Gefahr, in der Fülle und Weite des Stoffes zu ertrinken. Das Thema sollte immer in einem angemessenen Verhältnis zu der gegebenen Zeit entwickelt werden. Geschieht dies nicht, so entsteht leicht die Gefahr, es niemals zu schaffen, dem nie wirklich erreichbaren Ziel immer nur nachzuhinken.

Nicht nur im Verhältnis zur Zeit ist ein weit angelegtes Thema ungünstig. Auch inhaltlich produziert ein solches Thema leicht so etwas wie wissenschaftliche Schuldgefühle. Wenn Sie als Examenskandidat beispielsweise ein so globales Thema wählen wie „Die Literatur der NS-Zeit" oder „Die Geschichte des Osmanischen Reiches", dann können Sie sicher sein, dass Sie das Thema niemals erschöpfend behandeln werden. Stattdessen werden Sie ständig daran erinnert, dass Sie zwar Ihre Aufgabe formal erfüllen, aber doch oberflächlich bleiben müssen, weil die Einlösung des thematischen Anspruchs per se nicht machbar ist. Immer werden Sie also negative Begleitgefühle in sich tragen – das aber ist kontraproduktiv und Ihrem Schreibprozess in keiner Weise förderlich.

Dieses Gefühl, nicht gründlich genug zu arbeiten, niemals genügend in die Tiefe zu gehen, können Sie ganz einfach vermeiden, wenn Sie ein zeitlich, räumlich und inhaltlich engeres Thema wählen. Viele Studenten haben Angst vor kleineren, begrenzten Themen, weil sie glauben, nicht über genügend Stoff zum Schreiben zu verfügen. Sie haben Angst, dass ihnen die Ideen ausgehen. Aber diese Befürchtung erweist sich so gut wie immer als falsch.

Wenn Sie ein klar eingegrenztes Thema haben, können Sie viel eher damit rechnen, Ihre Aufgabe auch zu bewältigen. Sie werden sich nicht in einem Thema verlieren. Statt in die Weite – mehr und mehr Informationen – gelangen Sie in die Tiefe. Grundsätzlich gilt, dass Sie ein enger gestecktes Thema viel intensiver bearbeiten können. Es gibt eine kausale Verknüpfung zwischen dem inhaltlich streng eingegrenzten Thema und der Möglichkeit, es wirklich tiefschürfend in allen Dimensionen auszuloten.

Umberto Eco, Professor für Semiotik und begnadeter Schriftsteller – diese Mischung ist selten anzutreffen – meint sogar, dass das Thema selbst im Verhältnis zur Arbeitsmethode zweitrangig sei, dass es überhaupt kein wirklich schlechtes Thema gäbe, wenn man gut arbeite (ECO 2003: 7). Denn genau das ist die Kunst beim Schreiben Ihrer Examensarbeit, dass Sie aus jedem beliebigen Thema forschend und schreibend etwas für sich selbst und den Leser Inspirierendes produzieren.

So wie man in William Blakes Gedicht in einem Sandkorn das Universum und in einer Stunde die Ewigkeit erfahren kann, so vermag auch ein Thema die Sinne unendlich zu öffnen. Die Vertiefung in ein Thema kann regelrecht zu einer Bewusstseinssteigerung führen: „Wer an einem Thema arbeitet, verändert sein Bewusstsein. Die Welt wird reduziert und vertieft zugleich. Man stößt nun auf den lebendigen Prozess der Wissenschaft. Zu dem eigenen Thema gehören Netzwerke von Personen, Zyklen von Tagungen und Kongressen, Zeitschriften und Buchreihen, Verlagen, Nachrichten in Rundfunk und Fernsehen, Konkurrenten, die am gleichen Thema arbeiten usw. Vertiefen Sie Ihre Sinne, tauchen Sie in die neue kleine Welt Ihres Themas ein. Knüpfen Sie Kontakte in dieser Welt, besuchen Sie Tagungen (...) Das ist eines der wichtigsten Dinge beim Schreiben, es erweitert Ihr Bewusstsein über die Welt um Sie herum." (VON WERDER 1992: 56).

Regel 3: Keine Über-Identifikation mit dem Thema!

Die folgenden Überlegungen knüpfen eng an Vorausgehendes an, in dem es um die mündliche Prüfung ging. Die dort formulierte Aufforderung, sich mit dem Thema zu verbinden, aber gleichzeitig auch die Warnung vor Über-Identifizierung, trifft hier in gleicher Weise zu. Im Grunde ist sie an dieser Stelle noch wichtiger, denn der thematische Bezug beim Schreiben einer Examensarbeit ist intensiver und folgenreicher als der bei einer mündlichen Prüfung. Deshalb muss dieser Aspekt hier noch einmal wiederholt und neu beleuchtet werden.

Wieder geht es um eine Gratwanderung, die Sie als Examenskandidat zu leisten haben. Ich sagte es deutlich, das Schreiben der Abschlussarbeit ist eine individuelle Angelegenheit. Und es ist erfreulich und erstrebenswert, wenn Studierende bewusst ihre persönlichen Präferenzen einbringen anstatt sich hinter einer neutralen Themenstellung zu verstecken. Aber – und deshalb mein Hinweis auf die Gratwanderung – viele Studierende geraten hier an Grenzen. Sie geraten häufig in die Gefahr einer zu großen Nähe, d.h. man spürt, dass die eigene persönliche Problematik die Themenwahl überlagert. Der Schreiber ist sozusagen befangen.

Ein Beispiel für eine subjektive Überfrachtung einer Examensarbeit erlebte ich selbst als Studentin. Ein befreundeter Kommilitone, dessen bei Kriegsende verschollener Vater ein hoher SS-Offizier gewesen war, entschied sich für eine Doktorarbeit über die SS. Er machte sich unbewusst auf die Suche nach seinem Vater, den er persönlich nicht kannte, bzw. an den er sich nicht erinnern konnte. Über zwei Jahre lang schleppte er Materialien zusammen, dabei wurde er zunehmend depressiv. Die historischen Befunde machten ihn am Ende so krank, dass er alles abbrechen musste. Nach einer Pause von ein paar Monaten begann er mit einem neuen Thema, das er dann zügig zu Ende brachte. Bis heute lehrt er an einer Hochschule. Dies ist ein krasses, indessen typisches Beispiel von persönlicher Überlagerung des gewählten Themas.

Häufig erlebe ich mildere Formen von persönlicher Vermischung und/oder Überfrachtung des Examensthemas, in Gesprächen ist dies relativ rasch zu erkennen und zu bearbeiten. Immer dann, wenn sich der Kandidat mit dem Schreiben seiner Examensarbeit die Lösung eines Langzeitproblems oder einer aktuellen Krise erhofft, muss man davon ausgehen, dass die Themenwahl überlagert ist. Wenn etwa extrem schlanke junge Frauen über Magersucht schreiben wollen, wenn männliche Langzeitstudenten sich entschließen, über „Gewalt in Institutionen" zu promovieren, dann horche ich auf, frage nach, greife auch ein, um die Studenten vor Verwicklungen zu bewahren. Es ist sinnvoll und auch eine Art Selbstschutz für Sie, wenn Sie Ihr Thema radikal und ohne Selbsttäuschung nach solchen Motiven hin überprüfen, und zwar *bevor* Sie mit dem Schreiben beginnen. Es ist notwendig für Sie, dass Sie trotz Ihres Erkenntnisinteresses, das Sie zu einem bestimmten Thema geführt hat, persönlich Distanz halten können, dass Sie die objektive Wahrnehmung des Wissenschaftlers bewahren – was noch lange nicht heißt, dass Sie Ihr Thema nicht lieben dürfen. Das genau ist die Gratwanderung, die ich meine.

Regel 4: Mut zu positiven Themen

Als letztes möchte ich von einer auffallenden und über Jahre hinweg immer wiederkehrenden Erfahrung mit der Themenwahl sprechen. Wenn Studierende in geisteswissenschaftlichen Fächern die freie

Wahl für die Examensarbeit haben, wählen sie besonders häufig negativ beladene Themen. Es ist, als haben düstere und peinigende Themen eine große Sogkraft auf Studenten. Angst, Gewalt, Krankheit und Tod sind ernstzunehmende und untersuchungswürdige Forschungsgebiete. Aber ich frage mich oft, warum diese Themen überdurchschnittlich häufig gewählt werden. Vielleicht haben viele Prüfungskandidaten das Gefühl, dass das Examen mit all dem, was es ihnen abverlangt, mit Lernen, Schreiben und Wissensdruck, per se nur schwer sein kann. Und wenn es schon so ist, dann soll es auch richtig quälend sein. Umgekehrt: Wenn die Examenszeit zu locker verläuft und auch das Thema der Examensarbeit einfach gestrickt ist – so phantasiert der Prüfungskandidat – läuft vielleicht irgend etwas falsch.

Kurz: Ich glaube, dass viele Studierende sich unbewusst zusätzlich Qual heranziehen durch die Wahl negativer, bzw. seelisch stark belastender Themenstellungen. Und wenn ich diese Studenten darauf anspreche, dann können sie das oft nur schwer annehmen. Zu sehr haben sie sich anscheinend schon während ihrer Studienzeit und nun vollends bei der Prüfung mit den problembeladenen Aspekten von Schreiben identifiziert. Gern möchte ich Sie daran erinnern, dass Schreiben nicht nur ernst und sorgenvoll sein muss, sondern dass man auch über Freudvolles oder Lustvolles oder zumindest neutrale Themen seine Examensarbeit schreiben kann.

Sigmund Freud hat u.a. ein Buch über den Witz geschrieben. Mir ist in dreißig Jahren Lehr- und Prüfungsarbeit kein einziges humorvolles Thema unterlaufen. Das hängt nicht nur mit der deutschen Mentalität zusammen, das liegt auch an dem durch und durch negativ besetzten Bild von Universitätsprüfungen. Prüfungen, das Schreiben von Examensarbeiten, all das scheint dem Bewusstsein, (oder aber dem Unterbewusstsein) tot ernst und gefährlich.

Aber Sie können, wenn Sie wollen, hier durchaus gegensteuern: Überlegen Sie gut, ob Sie zusätzlich zu der an sich schon anstrengenden Situation, über Monate hinweg am Schreibtisch gefesselt zu sein, noch die Belastung eines das Gemüt beschwerenden Themas in Kauf nehmen wollen. Das Thema Ihrer Examensarbeit wird für lange Zeit Ihr Leben ausfüllen. Ihre Träume, Ihre Gedanken und Ihre Gespräche werden vor allem darum kreisen, und es liegt an Ihnen, zumindest vom Inhalt her für eine positive Grundstimmung zu sorgen. Das heißt noch lange nicht, dass Ihr Thema banal sein muss.

Kapitel 37 Die gute Gliederung

Sie haben Ihr Thema. Sie haben es gut gewählt und mehrfach geprüft. Der nächste Schritt Ihrer Arbeit ist nun die Beschaffung des Materials, gleichsam des Rohstoffs für Ihr Schreiben. Sicher haben Sie im Zusammenhang mit der Themensuche selbst schon einige Literatur zusammengetragen, um sich einen ersten Überblick über Ihr Forschungsgebiet zu verschaffen, um sich ein- und abzugrenzen.

Schritt 1: Die Materialbeschaffung

Jetzt ist es notwendig, dass Sie sich alle Basistexte, alle Quellen und Informationen zusammentragen, die Ihnen für die Behandlung Ihres Thema zum jetzigen Zeitpunkt unerlässlich erscheinen. Bewusst sage ich „zum jetzigen Zeitpunkt", denn wie wir später sehen, kann sich das Erkenntnisinteresse und damit die Forschungsrichtung im Laufe des Schreibprozesses ändern, so dass dann vielleicht andere, zusätzliche Literatur zu beschaffen ist.

Das Ausmaß der unerlässlichen Literatur und der Daten ergibt sich einzig und allein aus Ihrem Thema. Es gibt keine allgemeingültigen Maßstäbe. Die Suchsysteme Ihrer Universitäts- und Institutsbibliotheken werden Ihnen vom Studium her vertraut sein. Spätestens jetzt sollten Sie über diese lokalen Befunde hinaus das wissenschaftliche Netzwerk des Buchhandels und der Antiquariate, vor allem auch des Internets für sich nutzen. Fast alle aktuellen Bücher über wissenschaftliches Arbeiten liefern Ihnen wertvolle Hinweise für Ihre Literatursuche und -beschaffung. Hier nur drei effiziente Bücher für die Materialsuche:

Norbert Franck und Joachim Stary: Die Technik des wissenschaftlichen Arbeitens. Paderborn, München, Wien und Zürich 2003.

Peter Baumgartner und Sabine Payr: Studieren und Forschen mit dem Internet. München 2001.

Umberto Eco: Wie man eine wissenschaftliche Abschlussarbeit schreibt. Heidelberg 2003.

Über diese Bücher hinaus können Sie gezielt Einzelstudien für den Internet-Zugang zu Ihrem speziellen Fach heranziehen.

Bei den oben genannten Informationssystemen liegt das Problem nicht im Mangel an Informationen, sondern vielmehr an der Überfülle, in der Schwierigkeit, sich angesichts der Vielzahl von Literatur und Datenmaterial zu einem Thema sachgerecht zu informieren. Früher war das Sammeln von Informationen eine Haupttätigkeit des Forschers, auf welche er viel Zeit und Energie verwendete. Heute dagegen sind ganz andere Fähigkeiten von Ihnen gefordert.

Erstens müssen Sie lernen, sich innerhalb der Informationsflut zu orientieren und dabei zu selektieren, d.h. klar die Spreu vom Weizen zu trennen. Das heißt auch erkennen, wo banale und überflüssige Informationen Sie in Ihrem Denkprozess stören können, und diese dann mutig auszusortieren. Zweitens brauchen Sie tragfähige Kriterien der Bewertung der Literatur und des Datenmaterials. Dieses fällt vielen Studierenden schwer. Sie tragen endlos Informationen zusammen, aber nehmen alle für gleich wichtig, anstatt sie sogleich in ein Gerüst von Wertigkeit und Aussagekraft einzufügen. Diese Bewertung der Informationen liegt jetzt ganz an Ihnen, Ihrem eigenen Denkprozess. Es ist wirklich ein Denkprozess, der hier gefordert ist, wohingegen das reine Suchen eher Aktion, fast noch ein Spiel war. Sie müssen die aufgefundenen Materialien innerlich aufnehmen, um sie zu einem späteren Zeitpunkt beim Schreiben abrufen zu können.

Schritt 2 Den Arbeitsplatz optimal zum Schreiben vorbereiten

Sie haben nun, unter den Aspekten der Auswahl und der Bewertung des Materials, die Vorbereitungen für die inhaltliche Arbeit geleistet. Ich rate Ihnen dringend, sich einen gut funktionierenden wissenschaftlichen Handapparat zusammenzustellen. Alle für Sie notwendigen Nachschlagewerke, Wörterbücher und Fremdwörterlexika sollten Sie in Ihrer unmittelbaren Nähe aufgereiht haben. Das gibt Ihnen Sicherheit. Das bedeutet, dass Sie nicht für jedes unverstandene Fremdwort in die Universitätsbibliothek wandern oder Ihre Kommilitonen anrufen müssen. Machen Sie es sich zum Ehrgeiz, diesen Handapparat optimal für Ihre Erfordernisse auszustatten – das gibt ein gutes Gefühl. Ihre Schreibecke mit Büchern und dem Computer, reichlich Papier und Schreibgeräten ist für die folgenden Monate Ihre Werkstatt. Eine gute Ausrüstung Ihres Arbeitsplatzes ist ein Stück Selbstachtung, es ist ein Zeichen des Respekts, den Sie vor Ihrer eigenen geistigen Arbeit haben.

Schritt 3: Entwurf einer Gliederung

Der nun folgende Schritt (nach der Sammlung und Bewertung des Materials) ist der Entwurf einer ersten Gliederung. Die Gliederung ist das Knochengerüst, sie ist die innere Struktur, und deshalb sollten Sie ihr genügend Aufmerksamkeit schenken. Knochengerüst heißt aber nicht Starre – Knochen sind biegsamer und lebendiger als man gemeinhin denkt.

Nach einem intensiven Brain-Storming über alle relevanten Aspekte Ihres Themas ist es Ihre Aufgabe, diese Aspekte in eine Ordnung zu bringen. Ordnung hängt mit *ordo* (= Reihenfolge) zusammen. Sie müssen jetzt entscheiden, in welcher Reihenfolge Sie Ihre Hauptgedanken schriftlich präsentieren wollen.

Das zwingendste Kriterium für die Anordnung der Hauptteile ist die innere Logik Ihrer Arbeit. Achten Sie darauf, dass ein Gliederungspunkt konsequent auf den anderen folgt. Das klingt so einfach, aber viele Studierende haben damit große Probleme. Sie müssen sich entscheiden: Wollen Sie Ihre Arbeit nach dem Vorbild der klassischen Dramen gestalten, sanft beginnen und systematisch hinführen zu einem von Anfang an projizierten Höhepunkt? Wollen Sie knallhart eine wissenschaftliche Hypothese aufstellen und diese dann Schritt für Schritt beweisen? Wollen Sie zwei Theorien darstellen und miteinander vergleichen? Sie sehen, dass aus Ihrem Denkansatz, aus Ihrer Fragestellung sich jeweils sehr unterschiedliche Dynamiken ergeben können.

Aufgerieben von Zeitnotgefühlen und Materialschwemme, nehmen viele Examenskandidaten diesen Punkt nicht genügend ernst. Sie sind in diesem Punkt denkfaul. Sie stürzen sich blindlings in das Schreibmanöver und wundern sich, dass sie beim Schreiben keine innere Zielrichtung verspüren. Schlecht gegliederte Arbeiten haben keine Dynamik, keinen Spannungsbogen, sie wirken aufgrund des unreflektierten, additiven Nebeneinanders irgendwelcher Gedanken meist einschläfernd.

Wenn Sie die Ordnung der Gedanken und den Spannungsbogen gut konstruiert haben, dann ergeben sich die beiden anderen wesentlichen Teile Ihrer Examensarbeit, die Einleitung und der Schlussteil, fast wie von selbst. Die beiden bilden den Rahmen Ihrer Arbeit.

Die Einleitung steckt das Thema inhaltlich, räumlich und zeitlich ab. Sie enthält die Begründung Ihres systematischen Vorgehens. Sie beleuchtet und erklärt schon im Vorfeld die von Ihnen gewählten wissenschaftlichen Methoden und die Art der Datenerhebung, der Behandlung der Quellen etc. Klugerweise können Sie sich mit der Einleitung ein Schutzschild zimmern, indem Sie erklären, weshalb Sie bestimmte Argumentationen und Methoden verfolgen und andere ausklammern. Sie können also in der Einleitung schon begründen, weshalb Sie so und nicht anders vorgehen, bevor Ihnen spätere Kritiker dieses vorwerfen. Sie beweisen damit, dass Sie nicht blauäugig, nicht ignorant sind, sondern im Gegenteil versiert in der Auswahl Ihrer Methoden und Inhalte. Vor allem aber thematisieren Sie hier Ihr Erkenntnisinteresse und das Ziel Ihrer Arbeit, um damit das Interesse des Lesers für den Text zu entfachen. Mit der Einleitung – das ist ihr tieferer Sinn – wollen Sie den Leser für sich gewinnen.

Der Schlussteil der Arbeit ist ebenso wichtig wie die Einleitung. Er enthält, so banal dies klingen mag, im Grunde nur die systematisch konzentrierte Wiederholung des in der Einleitung prophetisch Angekündigten. Sie erklären im Schlusskapitel, ob oder ob nicht sich Ihre Anfangshypothesen bewahrheitet haben. Sie belegen im nachhinein noch einmal, weshalb Ihre Vorgehensweise und damit Ihr Gliederungsprinzip stimmig und überzeugend war. Der Schluss, glauben Sie mir, ist immer leicht. Und es macht Spaß, ein gutes Schlusskapitel zu schreiben. In einer klugen Schlussbetrachtung können Sie noch einmal mögliche Mängel der Arbeit und Unterlassungen begründen, die Ihnen jetzt noch auffallen. Und wiederum, tun Sie es selbst, bevor es jemand anderes für Sie tut.

Kapitel 38 Die Erstfassung schreiben

Sie haben Ihr Thema. Sie haben Ihre grundlegenden Materialien und Sie haben gründlich über Ihre Gliederung nachgedacht. Jetzt geht's zur Sache, jetzt beginnen Sie mit dem Schreiben. Beginnen Sie so früh wie möglich damit. Viele Studierende schleppen sich Wochen um Wochen mit den Vorbereitungen Ihrer Examensarbeit hin. Immer gibt es für sie noch einen triftigen Vorwand, das Schreiben hinauszuzögern: hier fehlt ein wichtiges Buch, dort eine Quelle, immer gibt es anscheinend Dringenderes zu tun als das Schreiben selbst. Zwingen Sie sich aber an den Schreibtisch. Jetzt ist Ihre Schreibzeit. Und Schreibzeit ist gleichzeitig Forschungszeit.

Begreifen Sie Schreiben nicht als das sofortige Produzieren eines druckreifen Textes, sondern als Medium des Erkennens. Führen Sie Ihren Denkprozess nicht außerhalb des Schreibens, sondern im Prozess des Schreibens selber. Howard S. Becker sagt dazu: „Wer in einem frühen Forschungsstadium mit dem Schreiben beginnt – z.B. bevor er alle Daten beieinander hat – kann frühzeitig damit anfangen, Ordnung in sein Denken zu bringen. Eine Skizze ohne Datenmaterial zeigt klar, was der Schreiber diskutieren möchte und damit zugleich, welche Daten er beschaffen muss. Es kann also sein, dass der Forschungsplan sich im Akt des Schreibens herauskristallisiert." (BECKER 2002: 37).

Von Anfang an sollten Sie Ihren Forschungsplan und Ihre komplette Gliederung ausgearbeitet haben. Aber diese sollten niemals starr sein. Während des Schreibens kann es sein, dass sich neue Dimensionen Ihres Themas eröffnen, die Sie bei der Planung nicht einmal ahnen konnten und die Sie in eine andere als die ursprüngliche Richtung führen. Wenn Sie dies zulassen, erfahren Sie, wie lebendig und aufregend der Forschungsprozess sein kann.

Wenn Sie rasch mit dem Schreiben beginnen, können Sie sich danach entsprechend Zeit für die verschiedenen Bearbeitungsphasen lassen. In dieser ersten Phase der Rohfassung sollten Sie sich die Freiheit nehmen, grammatikalische und stilistische Regeln und auch inhaltliche Widersprüche zu vernachlässigen und sich stattdessen ganz dem Fluss Ihrer Gedanken, dem Fluss der Logik des Gegenstandes zu überlassen. Je freier und fließender Sie schreiben, desto leichter können Sie den Zensor überlisten, die schon mehrfach angesprochene innere Stimme, die Ihnen immer wieder weismachen will, das von Ihnen Geschriebene sei nicht gut genug, sei nicht perfekt.

Die Erstfassung muss eben nicht perfekt sein. Bei der Erstfassung geht es vor allem darum, zügig voranzuschreiten, es geht darum, die Seiten zu füllen, das Thema zu entfalten, forschend zu denken und sich selbst dabei Mut zu machen. Wenn Sie erst 20, 30 oder noch mehr Seiten niedergeschrieben haben, erleichtert das psychologisch sehr. Sie gewinnen das Gefühl, dass es nun kein Zurück mehr geben wird, kein Scheitern, kein Aufgeben, kein großes schwarzes Loch. Der zweite wesentliche Arbeitsschritt, die sorgfältige Überarbeitung, folgt danach wie selbstverständlich. Sie ist noch einmal mit viel Arbeit und Zeitaufwand verbunden, aber sie ist weitaus weniger von Schreibblockaden und Frustrationen bedroht.

An welcher Stelle Ihrer Examensarbeit Sie nun mit dem Schreiben beginnen – ob mit dem ersten Kapitel oder mit der Einleitung – darüber streiten sich die Geister, und ich halte diese Frage nicht von Belang. Ich selbst beginne am liebsten mit der Einleitung, die ich am Ende aber regelmäßig neu schreibe, weil sich mein Denkkonzept während des Schreibens immer verändert. Howard S. Becker diskutiert in seinem Schreibbuch die verschiedenen Möglichkeiten. Er empfiehlt, mit dem Leichtesten anzufangen, damit der Prozess ins Fließen kommt. Eine gute Idee, die Sie für sich überlegen sollten. Das gegenteilige Prinzip, mit dem Schwierigsten anzufangen, damit man es hinter sich bringe, hält er für Puritanismus und rät seinen Studenten davon ab, eine Auffassung, die ich teile.

Vielen Studierenden fällt es schwer, ihre Examensarbeit gleichsam „anonym" zu schreiben, Gedanken zu verfassen, ohne über eine genaue Vorstellung der Adressaten zu verfügen. Schreiben ist, wie die gesprochene Sprache, dialogisch ausgerichtet, und wie soll man schon gut schreiben für eine Prüfungskommission? Eine wirksame Hilfe kann darin liegen, das gesamte Konzept in der Erstfassung an einen Freund oder eine Freundin zu schreiben, dem man etwas Wichtiges mitzuteilen hat. Das ist eine durchaus bewährte Methode. Der imaginierte Leser mit seinen antizipierten Fragen an den Schreiber können helfen, den Fluss der Gedanken besser zu entwickeln. Er macht den

Schreibenden lebendiger und den Text spürbar lockerer. Wenn der gesamte Text erst einmal in dieser Briefform gelungen ist, wird es Ihnen auch leicht fallen, in der späteren Fassung dann den hilfreichen Freund wieder aus dem Text zu entfernen, wobei ich Ihnen aber dringend rate, die Erstfassung zur Erinnerung gut aufzubewahren.

Machen Sie sich bei der Erstfassung immer wieder bewusst, wie viel Freiheit Sie haben. Niemand kritisiert Sie in diesem Stadium. Das Kritisieren, das Auseinandernehmen, Neuzusammenfügen und Neuschreiben ist der Zweit- und Drittfassung vorbehalten, und es gibt viele wissenschaftlich und literarisch Schreibende, die es auch zu zehn und mehr Überarbeitungen bringen. Wenn die Erstfassung niedergeschrieben ist, können Sie in den Folgefassungen systematisch an den inhaltlichen Details und an der Sprache zimmern. Sie können Ihren Text von Mal zu Mal nach unterschiedlichen Kriterien durchkämmen, um so zu einem immer verfeinerteren Ergebnis zu gelangen.

Die Probleme, die Ihnen entstehen, wenn Sie das Schreiben vor lauter Perfektionsansprüchen zeitlich immer weiter hinausschieben, oder wenn Sie Stunden und Tage für eine einzige Seite verwenden anstatt den Text zügig herunterzuschreiben, brauche ich Ihnen wohl kaum schildern. Je mehr wissenschaftliche Bücher man in dieser Phase liest, desto höher werden die Ansprüche an den eigenen Text. Andere Autoren, so glaubt man beim Lesen zu erfahren, haben alles schon viel besser zu Papier gebracht als ich selbst es je könnte, warum soll ich es überhaupt noch versuchen? Das hinausgezogene Schreiben demotiviert extrem. Hinzu kommt, dass die verbleibende Zeit für das eigene Schreiben zunehmend schrumpft und dies macht zusätzlich Angst. Am Ende bleiben nur noch wenige Wochen oder Tage, und Sie können sich schon ausrechnen, dass nach einer Erstfassung kaum mehr Zeit für ernsthaftes Überarbeiten bleibt.

Die Argumente für das frühe Schreiben sind also mehr als überzeugend. Ich bin mir bewusst, dass der Beginn des Schreibens für manche Studierende das Schwierigste überhaupt ist, und ich habe die Erfahrung gemacht, dass die hier vorgetragenen Vorschläge zwar intellektuell verstanden werden, aber häufig nicht umgesetzt werden können. Viele Menschen, und nicht nur Studenten in der Examenssituation, reagieren auf die Anforderung, etwas niederzuschreiben, grundsätzlich mit Angst. Sie glauben sofort, perfekt sein zu müssen. Alle gute Schreibschulen behandeln diesen Punkt und entwickeln die unterschiedlichsten Strategien, dem entgegenzuwirken. Eine nachweislich bewährte und häufig vorgeschlagene Methode ist die tägliche Übung des freien Schreibens. So wie der Pianist oder der Geiger vor jedem wirklichen Spiel seine Tonleitern praktiziert, so sollte auch jeder Schreibende mit Aufwärmübungen beginnen. Es genügen fünf bis zehn Minuten freies Schreiben, d.h. wirklich schnelles, flüssiges Niederschreiben aller Gedanken, die einem gerade in den Kopf kommen. Das Schreiben muss so schnell sein, dass die Stimme des Zensors keine Chance erhält, sich zu erheben. Diese Art des freien Schreibens, regelmäßig und konsequent praktiziert, ist in der Tat ein sehr effektives Vorgehen – und eins, das Spaß macht.

Achten Sie streng darauf, das schnelle Niederschreiben nicht zu unterbrechen. Wenn sich im Schreibprozess Haken, Widersprüche, negative Gefühle ergeben, können Sie diese sofort selbst thematisieren („Warum bringe ich heute morgen keinen Satz zustande?") und der Fluss geht damit weiter. Es geht hier gleichsam um das Freischwimmen, die Fähigkeit, überhaupt schreibend über Wasser zu bleiben und nicht nach zwei Minuten das Atmen zu vergessen und unterzugehen. Die Übung ist einfach zu praktizieren und gleichzeitig effizient. Sie können Sie überall ausführen, im Zug, in der Straßenbahn, im Bett, überall, wo Sie einige Minuten Zeit haben. „Lass mich Unsinn reden," heißt es in einem Sonett der französischen Dichterin Louize Labé (LABE 1954: 39). Sie dürfen auch Unsinn schreiben – wenn es Ihrer Übung dient.

Kapitel 39 Sprache und Stil

Wenn die Erstfassung niedergeschrieben ist, können Sie erst einmal aufatmen. Sie dürfen sich eine Unterbrechung gönnen, Ruhe und Vergnügungen – irgend eine deutlich spürbare Zäsur. Der nun folgende Arbeitsabschnitt fordert ein ganz anderes, neues Vorgehen – in mancher Hinsicht fast gegensätzlich zu dem ersten.

Verfallen Sie nicht in den Fehler, den Studierende so häufig begehen, die Erstfassung mit der Endfassung zu verwechseln. Becker beschreibt es so: „In letzter Minute nehmen sie den Schreibstift in die Hand und verfertigen Arbeiten mit interessanten Gedanken ohne tieferen Zusammenhang und ohne klare Argumentationsbasis – es sind interessante erste Entwürfe, die sie gleichwohl als Endresultat sehen wollen." (BECKER 2002: 37).

Nein, Sie sind noch lange nicht fertig. Jetzt beginnt für Sie das handwerkliche Schustern und Feilen am Text. Jetzt sind Sie Ihr eigener Kritiker, nicht zu streng, aber mit klarem Blick. Jetzt überarbeiten Sie Ihren Text, um ihn wirklich gut lesbar zu machen. Ihr Text soll am Ende wie aus einem Guss sein, gedanklich und stilistisch. Sie wissen ja, Gedanken und Stil stehen in einer intimen Beziehung zueinander. Wo der Stil verwirrt ist, sind es auch meist die Gedanken und umgekehrt. Wenn Sie glauben, sprachlich-stilistisch nicht weiter zu können, prüfen Sie auch gleichzeitig konsequent Ihre Inhalte.

Diese Arbeitsphase fordert nicht nur Ihre Selbstkritik heraus, sondern verlangt auch ein Stück weit aggressives Vorgehen: Sie dürfen mit Ihrem Text nicht zimperlich umgehen, müssen manches verwerfen, umschreiben, neu konzipieren, wobei Sie aber trotz allem ein gesundes Maß entwickeln müssen, d.h. keine intellektuelle Selbstzerfleischung treiben sollten. Kritisch sein, aber nicht überkritisch, streng, aber nicht gouvernantenhaft.

Als eine bewährte Möglichkeit schlage ich Ihnen vor, die Bearbeitung der Erstfassung in mehreren Durchläufen vorzunehmen, damit Sie sich jeweils ganz auf eine Fragestellung konzentrieren können.

Auf diese Weise werden Sie Schritt für Schritt alle notwendigen Gesichtspunkte abarbeiten:

Erster Schritt: Logik der Sätze

Eine gute Methode im Aufspüren von stilistischen und inhaltlichen Unebenheiten ist das Laut-Lesen des eigenen Textes. Lesen Sie deshalb Abschnitt für Abschnitt laut und prüfen Sie den Text auf die innere Logik hin. Sind die Sätze gut verständlich? Knüpft einer am andern an? Baut einer auf dem anderen auf? Dies sind scheinbar selbstverständliche Fragen. Aber manche Studierende neigen dazu, die Sätze gleichsam tropfenweise auszuwerfen, ein Satz unverbunden neben dem anderen, ohne inneren Faden. Der Lesende muss sich den Zusammenhang mühsam selbst herstellen. Ich sagte es schon: Stil und Gedanke sind untrennbar, achten Sie deshalb streng auf die logische Verknüpfung Ihrer Sätze.

Zweiter Schritt: Saubere Definitionen

Wissenschaftliche Begriffe, die Sie in Ihrem Text einführen, müssen von Anfang an sauber definiert werden. Dies ist zum guten Verständnis unerlässlich. Es verursacht mir immer wieder Unmut beim Lesen, Begriffe mit verschwommenem oder im Laufe des fortschreitenden Textes unterschiedlichen Bedeutungsgehalten zu erleben. Außerdem werden viele Begriffe, die einen klar umrissenen Sachverhalt meinen, oft unbedacht und inflationär verwendet. In der Pädagogik beobachte ich beispielsweise die häufige Übernahme psychologischer, ethnologischer oder psychiatrischer Begriffe, ohne dass sie eindeutig definiert würden. Jede Arglosigkeit im Umgang mit hochkarätigen Begriffen sollten Sie vermeiden. In der Examensarbeit ist es Ihre Aufgabe, alle Begriffe sauber zu definieren, Ihrer eigenen und der Klarheit des Lesers willen, und ich empfehle Ihnen deshalb, Ihren gesamten niedergeschriebenen Text nach der Stimmigkeit und Präzision der von Ihnen verwendeten Definitionen zu durchforsten.

Dritter Schritt: Lebendigkeit

In einem dritten Schritt prüfen Sie Ihren Text auf seine Lebendigkeit. Über die einschläfernde Wirkung mancher Examensarbeiten könnte ich lange schreiben, oft ist mir die Lektüre – das sage ich ohne Arroganz – bitter. Aber nicht, weil die Arbeiten dumm, sondern weil sie oft extrem langweilig geschrieben sind. Manchmal erkenne ich meine Studenten in ihren abgelieferten Texten gar nicht wieder, so gealtert erscheinen sie mir in dem von ihnen Geschriebenen.

Aber das muss nicht so sein. Sie können leicht dagegen steuern. Sie können die Lebendigkeit des Stils wieder erlernen und dadurch Ihre Examensarbeit strukturell verbessern. Zunächst prüfen Sie den Text beim Lautlesen selbst, ob er Ihnen langweilig, leblos und fad erscheint. Wenn dies der Fall sein sollte, studieren Sie noch einmal gründlich die elementaren Stilregeln. Nehmen Sie sich Zeit und lesen Wolf Schneider (SCHNEIDER 2001), lesen Sie ihn immer wieder. Begreifen Sie die Schreibregeln nicht nur mechanisch als Gebrauchsanweisung, sondern prüfen Sie diese nach ihrem verborgenen Sinn. Was heißt beispielsweise die in jeder Schreibschule vorkommende Warnung vor Passiv-Konstruktionen?

Diese Schreibregel bedeutet, dass derjenige, der gehäuft die Passiv-Konstruktion wählt, das Geschehen in dieser Welt auch eher als Passiver, als Leidender, als Opfer erlebt. „Es", was immer es auch sei, geschieht außerhalb seiner selbst. Die Prüfung geschieht einfach. Die Termine werden festgelegt. Das Studium ist gelaufen – fast ohne den eigenen subjektiven Zugriff. Eine solche Haltung etwa spiegelt sich in der wiederholten Verwendung der Passivformen wider.

Das Umformen der Passiv-Konstruktionen in Aktiva erfordert eine ganz neue, eben mehr aktive Seite in Ihnen. Sie müssen die Dinge, jedes einzeln, bewusst gestalten, ihnen ein Verb, eine Aktion, eine Richtung geben. Sie werden spüren, dieser Umformungsprozess macht Sie innerlich wacher und verantwortlicher für Ihren eigenen Text. Dies sollte überhaupt Ihr Ziel sein: mit der handwerklichen und gedanklichen Überarbeitungen übernehmen Sie mehr und mehr die Verantwortung für Ihren Text. Sie könnten sich zwar sagen „Es ist doch bloß eine Examensarbeit, die später in den überfüllten Regalen einer Instituts-Bibliothek stehen wird" – aber Sie können sie auch ganz als Ihre eigene Arbeit empfinden, welche über Monate Ihr Leben ausfüllt und ein Ausdruck Ihrer Persönlichkeit ist.

Hier noch einige Schreibtipps, die Ihnen helfen, den Text zu entkrampfen und lebendiger zu gestalten:

- Schreiben Sie in kurzen Sätzen. Oder – noch besser – schreiben Sie in unterschiedlich langen Sätzen. Jede Einheitlichkeit, jede Monotonie der Satzkonstruktion, egal ob lange, mittlere oder kurze Sätze, ist eintönig. Hingegen weckt das Spiel mit unterschiedlichen Satzlängen auf.
- Schreiben Sie nicht in aufgeblähtem Stil.
- Verlieren Sie sich nicht im Fachjargon.
- Meiden Sie das wissenschaftliche Beamtendeutsch, denn: „Beamtendeutsch ist eine Art Umgehungssprache," (SCHMIDT 2000: 184). Streichen Sie alle Sprachschablonen und hochgeschraubten Formulierungen. Überhaupt gehen Sie großzügig mit Streichungen um. Der Text ist zwar Ihr geistiges Produkt, Ihr Besitz, aber klammern Sie nicht zwanghaft. Streichen Sie Passagen, die Ihnen beim Lautlesen nicht selbst gefallen und schreiben Sie sie neu. Es kann nur besser werden.

Schreiben ist Dialog mit dem Leser. Unterschätzen Sie nicht, auch und gerade in Stilfragen, den dialogischen Charakter des Schreibens. Selbst wenn Sie in diesem Stadium der Textbearbeitung nicht mehr einen konkreten Leser direkt ansprechen (dies war nur der Erstfassung vorbehalten), denken Sie doch immer an seine möglichen Einwände, an seinen Widerspruch. Greifen Sie diese auf und gehen Sie darauf ein. Kurz, behalten Sie Ihren imaginären Leser ständig im Hinterkopf. Er soll den Text lesen. Nicht Sie. Sie haben ja alles schon längst verstanden.

Teil VI:
Nachdenken über die Prüfung

Kapitel 40 Die Prüfung feiern

„Und jedem Anfang wohnt ein Zauber inne,
der uns beschützt, und der uns hilft zu leben."

Hermann Hesse

Prüfungszeit – so sagten wir am Anfang – ist eine Extremsituation, eine Herausforderung bis an die Grenzen. Sie haben das Ganze nun hinter sich, und jetzt ist ein guter Moment, mit etwas Distanz zurückzuschauen und über das Vergangene nachzudenken.

Prüfung als gesellschaftliche Einrichtung erinnert an Initiation, an diese hoch ambivalente Feier, mittels derer in früheren Zeiten und teilweise heute noch in Naturvölkern, die Aufnahme der Heranwachsenden in die Welt der Erwachsenen zelebriert wurde. Die Pubertätsriten galten als Urmysterium allen menschlichen Daseins, als *das* zentrale Lebensereignis schlechthin, gegenüber dessen hoher Bedeutung alle anderen biographischen Ereignisse, wie Geburt, Hochzeit oder Tod verblassen. Ethnologen und Soziologen haben die Vielfalt der Initiationsriten beobachtet und detailliert beschrieben[1]. Sämtliche Forscher sind beeindruckt und teilweise entsetzt von der Bereitschaft der Beteiligten, starke Schmerzen zuzufügen, beziehungsweise zu erdulden, von der Energie und von der als Widerspruch erscheinenden Sehnsucht und Angst, welche die Zeremonien begleiteten.

Ziel und Zweck der Initiationsriten werden definiert als Einweihung in die Geheimnisse des Stammes, Mannbarkeit, Aufnahme in den Bund der Männer, Erlernen der Gesetze und desgleichen. Für die weiblichen Mitglieder eines Stammes hingegen galten strukturell andere, auf ihre soziale Rolle zugeschnittene Riten, die in die weiblichen Verhaltensweisen, vor allem aber in das geheime Wissen der Frauen, das nur diese untereinander teilten, einwiesen (WINTERSTEIN 1928).

Niemals in der Geschichte der Menschen, so belegen all diese Forschungen, vollzog sich der Übergang vom Kind zum heiratsfähigen Erwachsenen ohne spürbare Erregungen und ohne reale oder imaginierte Todesnähe. Und immer wurde dieses markante biographische

Ereignis zum Anlass einer Feier, eines Rituals, einer Prüfung. Ja, diese Feier glich selbst einer Prüfung, sie *war* es auch.

Wenn ich hier Gemeinsamkeiten zwischen heutigen akademischen Prüfungen und traditionellen Pubertätsriten unterstelle, handelt es sich natürlich um eine Übertragung. In unserer Gesellschaft des beginnenden 21. Jahrhunderts gibt es nicht mehr Initiationsrituale, die den Jugendlichen den richtigen Weg in die Erwachsenenwelt weisen – nicht zuletzt deshalb, weil es, im Gegensatz zu statischen Gesellschaftsformen der Vergangenheit, *den einen* Weg nicht mehr gibt. Auch Pubertät hat sich strukturell gewandelt, mit der heutigen Tendenz einer zumindest sozial gesehen immer stärkerer Hinauszögerung (*Moratorium*). Aber dennoch existiert eine Vielzahl von Relikten der oben beschriebenen Kulte, Überreste einer vergangenen Initiationskultur, die denen der archaischen Übergangsriten durchaus ähnlich sind. Auch heute noch müssen die Jungen, wenn sie die Institutionen der Alten als gleichrangig betreten wollen, das Nadelöhr der Prüfung bestehen[2].

Wichtigstes Resultat aller Initiationskulte war die Anpassung an die Generation der Väter bis hin zur Unterwerfung. Hier fällt das Analoge zu den modernen akademischen Prüfungen ins Auge. Examina erzwingen Anpassung: an das bestehende Wissenschaftssystem mit seinen ihm eigenen Denkweisen, an die Sprache der Wissenschaft und schließlich an die akademischen Verhaltensregeln. Ich glaube, die meisten Studierenden sind sich dessen sehr wohl bewusst. Nicht alle sind bereit, die Sprache der Wissenschaft als *ihre* zu akzeptieren. Nicht alle passen sich ohne innere Konflikte dem akademischen Verhaltenskodex mit seiner Konkurrenz, mit Hierarchien und der Fixierung auf intellektuelle Höchstleistungen an. Zu recht wehren sich viele Studierende gegen Anpassung oder gar gegen Unterwerfung, aber dennoch *wollen* sie die Prüfung. Dennoch nehmen sie um ihrer Zukunft willen alle Härten der Prüfung für sich in Kauf.

An dieser Stelle nun müssen wir das Analoge jedoch wieder trennen. Die Realität verweist uns auf einen gravierenden Unterschied: Die traditionellen Einweihungsriten verlangten in der Tat die strukturelle Anpassung. Die ganze Existenz musste eintauchen in die neue, gesellschaftlich geforderte Seinsweise des Mannes oder der Frau. Hier ging es wirklich um Leben und Tod. In der modernen Prüfung hingegen kann sich der Studierende sicher sein, dass die Anpassung ein zeitlich kurzfristiger, sachbezogener und keineswegs existenzieller

Vorgang ist, dem er nicht mit Angst und Selbstverlust der eigenen Person begegnen muss. Hier wird *nicht* über Leben und Tod entschieden, obgleich das seelische Erleben während der Prüfung manchmal ähnlich dramatisch ist.

Die eigentlich wichtige Botschaft aber für Sie ist – falls Sie die Analogie so akzeptieren – dass für Sie mit der bestandenen Prüfung die Initiation nun endgültig vollzogen ist. Sie gehören nun zu den „Eingeweihten", zu den Erwachsenen – und es gibt kein Zurück. Viele Studierende können diese Botschaft schwer annehmen, sie träumen noch Monate danach, dass sie erneut zur Prüfung antreten müssen. Aber das sind nur Träume!

Nach der Prüfung leben Sie in einer anderen Realität. Traditionelle Gesellschaften empfanden diesen Übergang als großes Fest. Der Festcharakter der Prüfung ist an deutschen Universitäten verloren gegangen, wird aber zunehmend wieder entdeckt. Die bestandene Prüfung lebt sich besser in geteilter Freude. An einer Universität in Montréal erlebte ich eine Prüfungsfeier, in der Studierende unterschiedlicher Kulturen ihre eigene traditionelle Musik vortrugen und Dankgebete in ihrer Sprache und Religion sprachen. Das Fest galt auch den Verwandten, den Eltern und Großeltern, die sich die Studiengebühren für ihre Kinder abgespart hatten, und die sich durch den bestandenen Abschluss und diese Feier reich belohnt fühlten. Egal, wie Sie feiern – aber zelebrieren Sie diesen Abschied und diesen Neubeginn.

Anmerkungen

(1) Vgl. hierzu Bruno Bettelheim: Die symbolischen Wunden. Pubertätsriten und der Neid des Mannes. München 1975; James Georg Frazer: Der goldene Zweig. Das Geheimnis von Glauben und Sitten der Völker. Reinbek bei Hamburg 1994; Volker Popp: Initiation. Zeremonien der Statusänderung und des Rollenwechsels. Frankfurt/Main 1969; und schließlich Theodor Reik: Das Ritual. Psychoanalytische Studien. Leipzig, Wien und Zürich 1928;

(2) Viele große Religionen des Westens schreiben vor, dass der Jugendliche zum Erlangen der religiösen Mündigkeit sich einer feierlichen und strengen Prüfung unterzieht, beispielsweise Bar Mitzwa und Mitzwat bei den Juden, Firmung und Konfirmation bei den Christen. Auch in Schulen und beim Eintritt in den Beruf vollzieht sich jeder Zugang und Übergang auf dem Wege von mehr oder weniger stark ausgeprägten Prüfungsritualen.

Literatur

Adorno, Theodor W.: Lehrer und Philosophie. In: Gesammelte Schriften. Band 10.2. „Kulturkritik und Gesellschaft II". Frankfurt/Main 1977.
Babiak, Ulrich: Effektive Suche im Internet. Köln 2001.
Barthel, Wolfgang: Prüfungen – kein Problem! Weinheim und Basel 2001.
Baumgartner, Peter und Sabine Payr: Studieren und Forschen mit dem Internet. Innsbruck, Wien und München 2001.
Becker, Howard S.: Die Kunst des professionellen Schreibens. Frankfurt und New York 2002.
Berkhuijsen, Barbara und Peter Hiedl: Studienabbruch als Chance. Berufsperspektiven und Einstiegsstrategien. Frankfurt/Main 2000.
Bettelheim, Bruno: Liebe allein genügt nicht. Die Erziehung emotional gestörter Kinder. Stuttgart 1979.
Bettelheim, Bruno: Die Kinder der Zukunft. München 1973.
Bettelheim, Bruno: Die symbolischen Wunden. Pubertätsriten und der Neid des Mannes. München 1975.
Bieker, Sylvia und Christine Ellinghaus: Schokolade, das süße Glück. München 2000.
Buermann, Uwe: Techno, Internet und Cyberspace. Jugend und Medien heute. Zum Verhältnis von Mensch und Maschine. Stuttgart 1998.
Buzan, Tony und Barry Buzan: Das Mind-Map Buch. München 2002.
Cameron, Julia: Von der Kunst des Schreibens ... und der spielerischen Freude, die Worte fließen zu lassen. München 2003.
Chevalier, Brigitte: Effektiver lernen. Die eigenen Fähigkeiten erkennen. Textverständnis und Lesekapazität erhöhen. Nutzen aus einer Vorlesung ziehen. Schriftliche Arbeiten und mündliche Prüfungen bewältigen. Frankfurt/Main 1999.
Corneau, Guy: Abwesende Väter – Verlorene Söhne. Suche nach der männlichen Identität. Solothurn und Düsseldorf 1993.
Csikszentmihalyi, Mihaly: Flow. Das Geheimnis des Glücks. Stuttgart 2003
Daxner, Michael: Prüfungsordnungen und Prüfungen als Instrument berufs- und gesellschaftsbezogener Einflussnahme auf die Hochschulen. In: Ulrich Teichler (Hrsg.): Hochschule und Beruf. Problemlage und Aufgabe der Forschung. Frankfurt/Main, New York 1979.
Eco, Umberto: Wie man eine wissenschaftliche Abschlussarbeit schreibt. Heidelberg 2003.
Enkelmann, Nikolaus B. : Die Macht der Motivation. So motivieren Sie sich selbst und andere. Landsberg am Lech – München 2002.

Erikson, Erik H.: Identität und Lebenszyklus. Frankfurt/Main, 1966.
Erikson, Erik H.: Autobiographisches zur Identitätskrise. In: Zeitschrift Psyche, September 1973, S.793-831.
Franck, Norbert und Joachim Stary: Die Technik des wissenschaftlichen Arbeitens. Paderborn, München, Wien und Zürich 2003.
Frazer, James Georg: Der goldene Zweig. Das Geheimnis von Glauben und Sitten der Völker. Reinbek bei Hamburg 1994.
Funk, Gisa: Echt fertig! Tagebuch einer Examenskandidatin. Köln 2001.
Goldberg, Natalie: Schreiben in Cafés. Berlin 2003.
Grieser, Jürgen: Der phantasierte Vater. Tübingen 1998.
Handke, Peter: Das Gewicht der Welt. Ein Journal. Salzburg 1979.
Harris, Joanne: Chocolat. München 2000.
Hellmann, Alfred: Disziplin für Faule – oder Wie man es trotzdem schafft. Landsberg am Lech 2001.
Heimann, Roswitha: Der Rhythmus und seine Bedeutung für die Heilpädagogik. Raum und Zeit als Grunddimensionen des Menschseins. Stuttgart 1989.
Herrmann, Dieter und Angela Verse-Herrmann: Vom Studium zum Traumjob. Frankfurt/Main 1996.
Herrmann, Dieter und Angela Verse-Herrmann: So finanziere ich mein Hochschulstudium. Frankfurt/Main 1999.
Hirsch, Mathias: Arbeitsstörung und Prüfungsangst. In: Mathias Hirsch (Hrsg.): Psychoanalyse und Arbeit. Göttingen 2002, S. 76-99.
Holm-Hadulla, Rainer M.: Psychische Schwierigkeiten von Studierenden. Göttingen 2001.
Holzheu, Harry: Natürliche Rhetorik. München 2000.
Holzheu, Harry: Aktiv zuhören – besser verkaufen. Landsberg am Lech 2000.
Keseling, Gisbert: Schreibblockaden überwinden. In: Norbert Franck und Joachim Stary: Die Technik wissenschaftlichen Arbeitens. Paderborn, München, Wien und Zürich 2003, S.197-222.
Kienitz, Günter W. und Bettina Grabis: Der Internet-Guide für Studien- und Berufsanfänger. Effiziente und erfolgreiche Karriereplanung mit dem Internet. Kempen 2001.
Kingston, Karen: Feng Shui gegen das Gerümpel des Alltags. Reinbek bei Hamburg 2003.
Kruse, Otto: Keine Angst vor dem leeren Blatt. Ohne Schreibblockade durchs Studium. Frankfurt/Main 2002.
Kürsteiner, Peter: Reden, vortragen, begeistern. – Vorträge und Reden effektiv vorbereiten und erfolgreich präsentieren. Weinheim und Basel 2002.
Labé, Louize: Die Sonette der Louize Labé. Übertragen von Rainer Maria Rilke. Wiesbaden 1954.
Leitner, Sebastian: So lernt man lernen. Der Weg zum Erfolg. Freiburg im Breigau 2002.
Lüders, Wolfram: Lern- und Leistungsstörungen. Ein Beitrag zur Psychoanalyse der Arbeitsstörungen. In: Zeitschrift Psyche, Dezember 1967, S. 915-838.

Makarenko, Anton Semenovic: Der Weg ins Leben. Ein pädagogisches Poem. Berlin 1961.
Metzig, Werner und Martin Schuster: Lernen zu lernen. Lernstrategien – sofort anwendbar. Die richtige Methode für jeden Lernstoff. Tipps zur Prüfungsvorbereitung. Berlin und Heidelberg 2003.
Molcho, Sammy: Körpersprache. München 1983.
Münchhausen, Marco von: So zähmen Sie Ihren inneren Schweinehund. Vom ärgsten Feind zum besten Freund. Frankfurt/Main und New York 2002.
Nietzsche, Friedrich: Aphorismus 296. In: Giorio Colli und Massino Montinari (Hrsg.): Kritische Gesamtausgabe der Werke Friedrich Nietzsches. Hier Abt. 3, Band 7-1, herausgegeben von Anne Marie Pieper. Berlin und New York 2002, S.89.
Niven, David: Die 100 Geheimnisse erfolgreicher Menschen. München 2002.
Nix, Udo: Überzeugend und lebendig reden. So steigern Sie Ihre persönliche Ausstrahlungskraft. Landsberg am Lech 1995.
Oesch, Emil: Die Kunst, Zeit zu haben. Ratschläge für den Umgang mit unserem kostbarsten Gut. München 2002.
Ostrander, Sh. N. und L. Schroeder: Leichter lernen ohne Stress. Bern und München 1982.
Petersen, Peter: Schwangerschaftsabbruch – unser Bewusstsein vom Tod im Leben. Tiefenpsychologische Aspekte der Verarbeitung. Stuttgart 1986.
Petri, Horst: Das Drama der Vaterentbehrung. Freiburg, Basel und Wien 1999.
Piaget, Jean: Nachahmung, Spiel und Traum. In: Jean Piaget: Gesammelte Werke, Bd. 5. Stuttgart 1975.
Popp, Volker (Hrsg.): Initiation. Zeremonien der Statusänderung und des Rollenwechsels. Frankfurt/Main 1969.
Reik, Theodor: Das Ritual. Psychoanalytische Studien. Leipzig, Wien und Zürich 1928.
Rico, Gabriele L. Garantiert schreiben. Reinbek bei Hamburg 1998.
Schmidt, Lothar (Hrsg.): Sieben Wörter sind genug. Landsberg am Lech 2000.
Schneider, Wolf: Deutsch für Profis. Wege zu gutem Stil. München 2001.
Schwarz, Aljoscha und Ronald Schweppe: Von der Heilkraft der Schokolade. München 1997.
Schwarz, Axel und Horst-Ulfert Ziolko (Hrsg.): Psychische Störungen bei Studenten. Stuttgart 1969.
Seiwert, Lothar J.: Wenn du es eilig hast, gehe langsam. Das neue Zeitmanagement in einer beschleunigten Welt. Frankfurt/Main und New York 2003.
Seiwert, Lothar J., Horst Müller und Anette Labaek-Noeller: 30 Minuten – Zeitmanagement für Chaoten. Offenbach 2002.
da Silva, Kim: Der inneren Uhr folgen. Mit der Organuhr zu einem gesunden Tagesrhythmus. München 2002.
Sprenger, Reinhard K.: Das Prinzip Selbstverantwortung. Frankfurt/Main und New York 2000.

Stein, Sol: Über das Schreiben. Frankfurt/Main 1999.
Suzuki, Shunryn: Zen-Geist – Anfänger-Geist. Berlin 2002.
Teichler, Ulrich (Hrsg.): Hochschule und Beruf. Problemlage und Aufgabe der Forschung. Frankfurt/Main und New York 1979.
Vogel, Ingo: So reden Sie sich an die Spitze. Sprache als Erfolgsinstrument. München 2001.
Vyse, Stuart A.: Die Psychologie des Aberglaubens. Basel, Boston und Berlin 1999.
Waterhouse J.M., D.S. Minor und M.E. Waterhouse: Die innere Uhr, Mit ihr leben – und nicht gegen sie. Bern, Göttingen, Toronto und Seattle 1992.
Werder, Lutz von: Kreatives Schreiben in den Wissenschaften. Berlin 1992.
Werder, Lutz von: Lehrbuch des kreativen Schreibens. Berlin 1996.
Winokur, Jon (Hrsg.): Advice to writers. New York 2000.
Winterstein, Alfred: Die Pubertätsriten der Mädchen. Leipzig 1928.
Ziolko, Horst-Ulfert: Psychische Störungen bei Studenten. Symposion vom 22.-24. März 1968 in Berlin. Stuttgart 1969.

Danksagung

Für Unterstützung, Anregung und Kritik danke ich Monika Bohrmann, Herbert Claas, Florian Frötscher, Marina von Hahn, Stephan Jacob, Günter Kohlhaas, Carsten Leimbach, Veronika Krajewsky, Christina Neus und Luc Rynders – sowie meinen Kindern.

GPSR Compliance
The European Union's (EU) General Product Safety Regulation (GPSR) is a set of rules that requires consumer products to be safe and our obligations to ensure this.

If you have any concerns about our products, you can contact us on

ProductSafety@springernature.com

In case Publisher is established outside the EU, the EU authorized representative is:

Springer Nature Customer Service Center GmbH
Europaplatz 3
69115 Heidelberg, Germany

www.ingramcontent.com/pod-product-compliance
Lightning Source LLC
Chambersburg PA
CBHW031521100426
42873CB00013B/163